새 이화 한국어

새 이화 한국어 Workbook 2-2

지은이 이화여자대학교 언어교육원(정누리 • 이정연 • 박옥경 • 송유경 • 기우종 • 최효원)
감수 김현진

펴낸날 1판 1쇄 2024년 9월 3일
2쇄 2025년 9월 30일

펴낸이 주소현 **펴낸곳** 이화여자대학교출판문화원
주소 서울특별시 서대문구 이화여대길 52 **등록** 1954년 7월 6일 제9-61호
전화 02-3277-2965(편집), 02-362-6076(마케팅) **팩스** 02-312-4312
전자우편 press@ewha.ac.kr **홈페이지** www.ewhapress.com
책임편집 이혜지 **디자인** 김리영 **일러스트** 정윤서
번역 박혜은 • 혼다 미호 • 진사영 **번역감수** 이미진 • 혼다 미호 • 호해영 • 진사영
녹음 오렌지 커뮤니케이션즈 **성우** 권도일, 이아름

ISBN 979-11-5890-525-5 14710
979-11-5890-490-6 (세트)

* 잘못된 책은 구입처에서 바꾸어 드립니다.

새 이화 한국어

Workbook 2-2

이화여자대학교 언어교육원 지음

정누리 • 이정연 • 박옥경
송유경 • 기우종 • 최효원

이화여자대학교출판문화원

머리말

이화여자대학교 언어교육원은 외국인 학습자들에게 한국어 학습의 길잡이가 된 『이화 한국어』를 이을 새로운 의사소통 중심 교재인 『새 이화 한국어』를 2023년에 발간하였습니다. 새로운 시대 흐름에 맞춘 교재인 『새 이화 한국어』를 발간함과 동시에 교재에서 다룬 내용을 재확인하고 내재화시킬 수 있도록 연습서인 『새 이화 한국어 워크북』도 발간하기에 이르렀습니다.

『새 이화 한국어 워크북 2』는 교재에서 다룬 어휘와 표현, 문법, 듣기, 말하기, 읽기, 쓰기의 내용을 바탕으로 다양한 활용 연습이 가능하도록 설계하였습니다. 또한 학습자들의 문법 사용 능력과 의사소통 능력 향상을 동시에 도모하고자 정확성과 유창성을 기를 수 있도록 다양한 연습 문제를 제공하였습니다.

특히 듣기는 듣고 이해하는 연습뿐만 아니라 쓰기와 연계하여 듣고 요약해 볼 수 있는 연습을 할 수 있도록 구성하였습니다. 무엇보다 본 워크북은 개인 학습용 연습서이므로 학습 시 발생할 수 있는 의문점들을 해소시키기 위해 부록에 각 단원의 문법 설명을 4개 국어로 실었으며 이를 통해 학습자들은 오류를 최소화시킬 수 있을 것이라 생각합니다.

이 책이 발간되기까지 많은 분들의 땀과 노고가 있었습니다. 이화여자대학교 언어교육원을 대표하여, 좋은 워크북을 개발하기 위해 밤낮으로 고민하고 집필에 매진하신 저자 분들께 깊은 감사를 드립니다. 또한 워크북이 발간되기까지 여러 가지 행정적 지원을 아끼지 않고 수고해 주신 언어교육원 행정실에도 진심으로 감사를 드립니다. 그리고 감수를 맡아 이 책의 구성과 내용에 많은 조언을 해 주신 김현진 교수님께도 감사의 말씀을 드립니다. 마지막으로 이렇게 멋진 모습으로 워크북이 발간될 수 있도록 편집과 출판을 맡아 주신 이화여자대학교출판문화원에도 깊은 감사의 마음을 전합니다.

아무쪼록 이 책이 국내외에서 널리 활용되어 한국어를 쉬우면서도 재미있고 효과적으로 교수·학습하는 데에 크게 기여하기를 바랍니다. 아울러 앞으로 나아가야 할 한국어 교육의 방향을 선도하는 역할도 하게 되기를 기대합니다.

2024년 9월
이화여자대학교 언어교육원
원장 박선희

차례

부록

Workbook 구성표

단원	단원명	어휘와 표현	문법	듣기
7단원	쇼핑	물건 물건의 특징	V-을/ㄹ V-은 지/ㄴ 지 A-은 것 같다/ㄴ 것 같다 V-은 것 같다/ㄴ 것 같다, -는 것 같다, -을 것 같다/ㄹ 것 같다 더 A/V-을까요?/ㄹ까요? 더 A-을 것 같다/ㄹ 것 같다 N일 것 같다	발음(비음화 ③) 듣기 물건 구입에 대해 듣기 어울리는 것에 대해 듣고 요약하기
8단원	초대와 방문	초대, 방문 선물	V-기로 하다 A/V-거나 A/V-으니까/니까 더 N이나/나	발음(종성 규칙 후 연음) 듣기 초대에 대해 듣기 생일 파티 계획에 대해 듣고 요약하기
9단원	건강	신체 증상	V-아서/어서 A/V-게 V-기 전(에) 더 ㅅ 불규칙 더 A-아지다/어지다	발음(ㄴ 첨가) 듣기 아픈 곳에 대해 듣기 스트레스 관리 방법에 대해 듣고 요약하기
10단원	음식	음식 재료 요리법 활 맛 표현	V-을래요/ㄹ래요 V-을까 하다/ㄹ까 하다 V-은 후(에)/ㄴ 후(에)	발음(유음화 ②) 듣기 먹고 싶은 음식에 대해 듣기 프랑스 음식에 대해 듣고 요약하기
11단원	교통	버스, 택시 이용 기차 이용	A/V-네요 N이나/나, N밖에 A/V-기 때문에 더 A-군요/V-는군요 더 N 때문에	발음(비음화 ④) 듣기 늦은 이유에 대해 듣기 여행 계획에 대해 듣고 요약하기
12단원	축하와 감사	감정 축하, 위로	A/V-아/어 (반말) A/V-아/어, V-자 (반말) A/V-지요? 더 응, 아니 더 N아/야	발음(억양과 의미) 듣기 대인관계에 대해 듣기 부탁하는 일에 대해 듣고 요약하기

말하기	읽기	쓰기
물건 구입에 대해 말하기 물건 교환에 대해 말하기	물건 교환 문의에 대한 글 읽기	구매 후기에 대한 글 쓰기
초대하기 방문 선물에 대해 말하기	방문에 대한 일기 읽기	모임 경험에 대한 글 쓰기
아픈 곳에 대해 말하기 병원에서 증상에 대해 말하기	약 설명의 글 읽기	건강에 좋은 생활 습관에 대한 글 쓰기
먹고 싶은 음식에 대해 말하기 추천하고 싶은 식당에 대해 말하기	맛집 설명의 글 읽기	기억에 남는 음식에 대한 글 쓰기
약속에 늦은 이유에 대해 말하기 목적지에 가는 방법에 대해 말하기	오는 방법에 대한 글 읽기	특별한 교통수단에 대한 글 쓰기
기분 좋지 않은 일에 대해 말하기 좋지 않은 일에 대해 말하기	축하의 글 읽기	감사 이메일 쓰기

활 어휘와 표현 활용 더 더 알아보기

Workbook 구성과 사용법

- 『새 이화 한국어 Workbook 2-1』, 『새 이화 한국어 Workbook 2-2』는 『새 이화 한국어 2-1』, 『새 이화 한국어 2-2』에 맞춰 개발된 연습서이다.
- 교재 내용에 보충, 심화 학습이 가능한 내용으로 설계되었으며 교실 내 수업과 개인 학습에서 모두 사용할 수 있도록 개발되었다.
- 각 단원은 '어휘와 표현', '문법', '듣기', '말하기', '읽기', '쓰기' 총 6개 영역으로 구성되어 있다.
- 각 단원별 연습 문제 이외에 문법에 대한 주요 설명이 책 뒤쪽 부록에 제공되어 있다.

어휘와 표현

교재의 소단원 1, 2에서 다룬 '어휘와 표현'의 연습 부분이다. 다양한 연습 활동을 제공하여 학습자가 어휘와 표현의 의미를 확인, 점검하고 어휘 사용 능력을 향상시킬 수 있도록 설계하였다.

문법

교재의 소단원 1, 2, 3에서 다룬 '문법'의 연습 부분이다. 각 목표 문법의 활용 형태 표를 제시하였고 문장 만들기, 대화 만들기 등의 연습도 추가하였다. 이를 통해 학습자가 문법 활용 형태를 익히고 정확한 문법 사용 능력을 기를 수 있도록 설계하였다. 각 단원의 목표 문법과 더불어 '더 알아보기'에서 제시된 문법의 연습 문제도 같이 제공하였다.

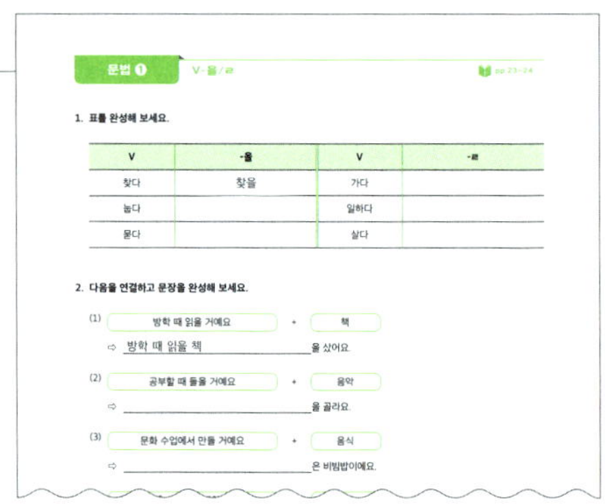

듣기

교재 소단원 1의 '발음'과 소단원 1, 3에서 다룬 '듣기' 연습 부분이다. 발음 연습에서는 교재에서 다룬 발음 규칙을 듣고 확인하는 연습을 제공하였다. 그리고 듣기 연습에서는 간단한 대화를 듣고 내용 이해를 점검할 수 있는 연습 문제와 소단원 3의 듣기를 다시 듣고 내용을 요약해 보는 연습 문제를 제공하였다.

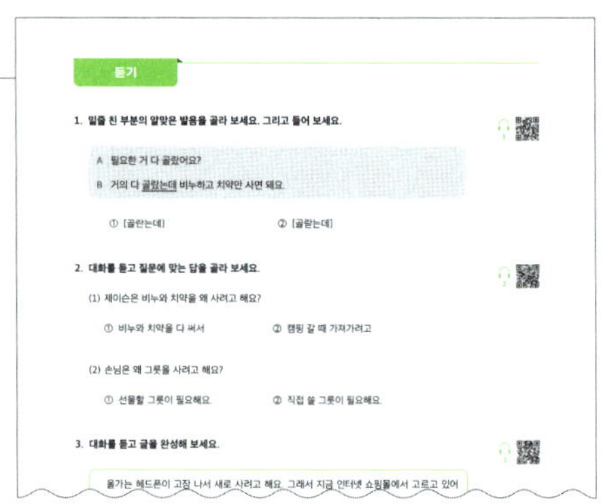

말하기

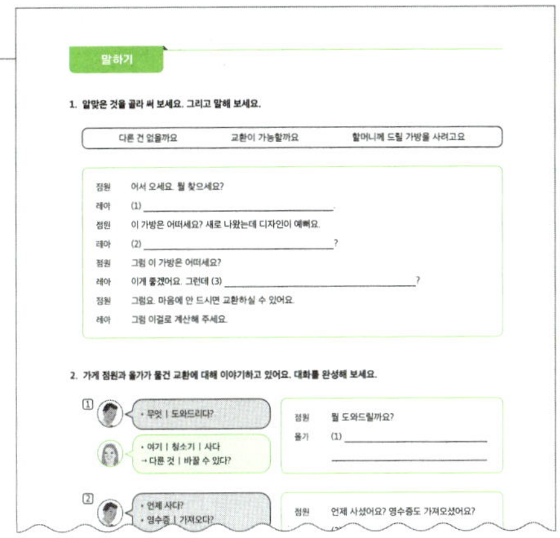

교재의 소단원 1, 2에서 다룬 '말하기' 연습 부분이다. 소단원 1 말하기 연습에서는 교재의 말하기 대화문에서 다룬 주요 기능 표현을 연습하게 구성하였다. 소단원 2 말하기 연습에서는 말풍선의 핵심어를 보면서 교재의 대화문을 확장해서 연습할 수 있게 설계하였다. 이 확장 대화문을 만드는 연습은 부록에 모범 대화문을 제시하여 스스로 학습을 할 수 있게 구성하였다.

읽기

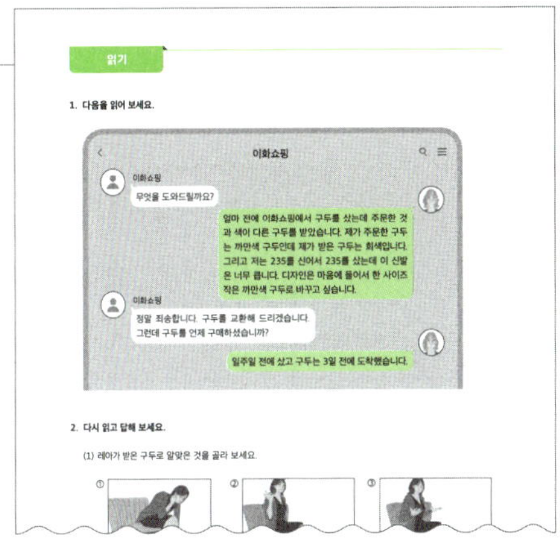

교재의 소단원 2에서 다룬 '읽기' 연습 부분이다. 교재 읽기에서 학습한 주제와 관련된 내용을 다양한 텍스트 유형으로 구현하여 제공하였다. 이 텍스트의 내용 이해 문제도 제공하여 이해 능력을 향상시킬 수 있도록 하였다.

쓰기

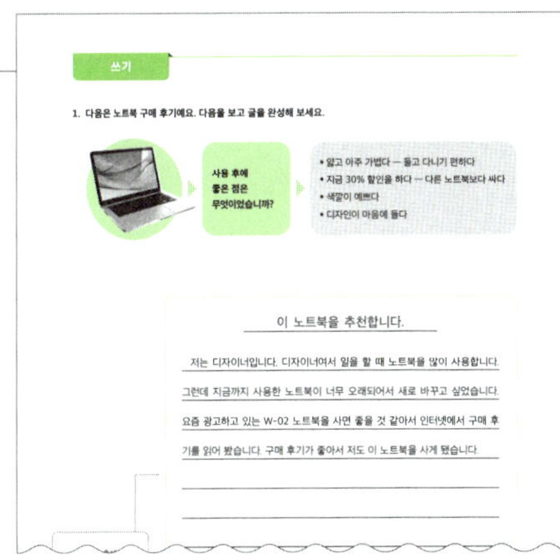

교재의 소단원 3에서 다룬 '쓰기' 연습 부분이다. 교재 쓰기 내용과 관련된 글을 쓰는 활동을 제시하였다. 교재에서 제시한 도움 질문을 활용하고 주어진 자료를 참고해서 단락의 글을 완성할 수 있도록 구성하였다. 부록에 모범 글을 제시하여 스스로 확인 학습이 가능하게 하였다.

문법 설명

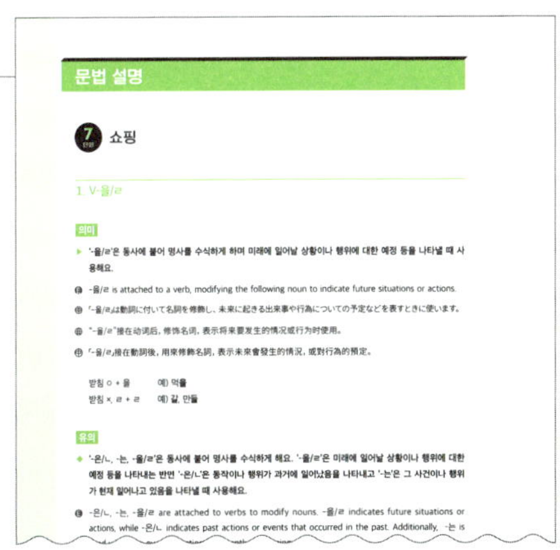

교재 소단원 1, 2, 3 문법의 문법 설명 부분이다. 각 문법의 의미를 자세한 설명과 함께 제시하였다. 문법의 의미와 형태 정보를 도식화하여 간략하게 보여 줌으로써 학습자의 이해를 돕고자 하였다. 또한 문법 활용 시 유의할 점, 예문을 제공하여 학습자의 오류를 줄이고자 하였다. 문법 설명은 영어, 일본어, 중국어 간체, 중국어 번체로도 제공하여 학습자의 이해를 도모하고자 하였다.

7 단원 쇼핑 Shopping

어휘와 표현 ❶ 물건

p.22

1. 그림을 보고 알맞은 것을 골라 써 보세요.

비누	수건	치약	칫솔	휴지

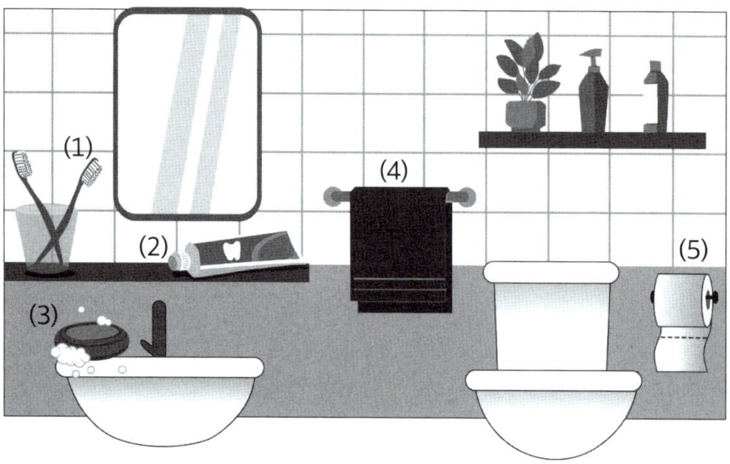

(1) 칫솔

(2) ______

(3) ______

(4) ______

(5) ______

2. 알맞은 것을 골라 문장을 완성해 보세요.

그릇	이불	선풍기	청소기	전기밥솥

(1) 날씨가 너무 더운데 에어컨이 고장 나서 선풍기 을/를 샀어요.

(2) 한국에서는 밥을 먹을 때 밥이나 국 ______ 을/를 들고 먹지 않아요.

(3) 오늘 아침에 침대 정리를 하고 ______ 을/를 빨려고 세탁기에 넣었어요.

(4) 올해부터 외식을 안 하고 집에서 밥을 직접 하려고 ______ 을/를 샀어요.

(5) 이사를 했는데 집이 더러워서 오늘 ______ 으로/로 깨끗하게 청소했어요.

어휘와 표현 ❷ 물건의 특징

p.27

1. 그림을 보고 알맞은 것을 골라 써 보세요.

길다	낮다	가볍다
두껍다	진하다	화려하다

(1)

얇은 옷 ↔ 두꺼운 옷

(2)

무거운 가방 ↔ ________ 가방

(3)

색이 연한 스카프 ↔ 색이 ________ 스카프

(4)

굽이 높은 구두 ↔ 굽이 ________ 구두

(5)

길이가 짧은 바지 ↔ 길이가 ________ 바지

(6)

디자인이 단순한 옷 ↔ 디자인이 ________ 옷

문법 ❶ V-을/ㄹ

pp.23~24

1. 표를 완성해 보세요.

V	-을	V	-ㄹ
찾다	찾을	가다	
눕다		일하다	
묻다		살다	

2. 다음을 연결하고 문장을 완성해 보세요.

(1) 방학 때 읽을 거예요 + 책

⇨ 방학 때 읽을 책 을 샀어요.

(2) 공부할 때 들을 거예요 + 음악

⇨ ______________________ 을 골라요.

(3) 문화 수업에서 만들 거예요 + 음식

⇨ ______________________ 은 비빔밥이에요.

(4) 학교 축제에서 노래할 거예요 + 사람

⇨ ______________________ 을 지금 찾고 있어요.

3. 대화를 완성해 보세요.

(1) A 샤오동 씨, 어디에 가요?

B 쉬는 시간에 먹을 간식을 사러 편의점에 가요. (먹다)

(2) A 내일 약속 장소에 차를 가져올 거예요?

B 아니요. 거기는 __________ 곳이 없어서 버스로 가려고 해요. (주차하다)

(3) A 레아 씨, 모자를 새로 샀어요?

B 아니요. 이건 제가 __________ 게 아니에요. 친구 선물이에요. (쓰다)

(4) A 브루나 씨, 레아의 결혼식 때 뭘 입을 거예요?

B 결혼식 때 __________ 옷이 없어서 주말에 사러 가려고 해요. (입다)

문법 ❷ V-은 지/ㄴ 지

pp.28~29

1. 표를 완성해 보세요.

V	-은 지	V	-ㄴ 지
찍다	찍은 지	오다	
입다		운동하다	
걷다		놀다	

2. 다음을 보고 문장을 완성해 보세요.

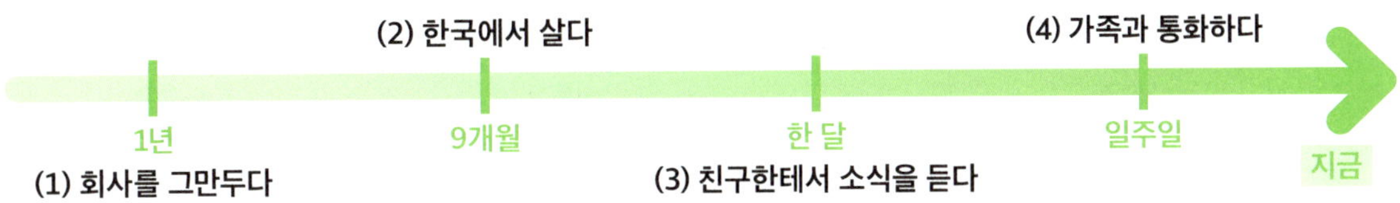

(1) 회사를 그만둔 지 ________ 1년이 됐어요.

(2) ________________ 9개월이 됐어요.

(3) ________________ 한 달이 됐어요.

(4) ________________ 일주일이 됐어요.

3. 대화를 완성해 보세요.

(1) A 다니엘 씨는 언제부터 안경을 썼어요?

B 안경을 쓴 지 ________ 3년이 넘었어요.

(2) A 학교 앞에 있는 카페는 언제 문을 열었어요?

B 거기요? 문을 ________________ 얼마 안 됐어요.

(3) A 브루나 씨, 이 책 읽었어요?

B 네. 읽었는데 ________________ 오래돼서 기억이 안 나요.

(4) A 레아 씨, 태권도를 잘하는데 언제부터 배웠어요?

B 어렸을 때부터 배웠어요. ________________ 10년쯤 됐어요.

문법 ③ A-은 것 같다/ㄴ 것 같다 V-은 것 같다/ㄴ 것 같다, -는 것 같다, -을 것 같다/ㄹ 것 같다

pp.32~33

1. 표를 완성해 보세요.

A	-은 것 같다/ ㄴ 것 같다	V	-은 것 같다/ ㄴ 것 같다	-는 것 같다	-을 것 같다/ ㄹ 것 같다
작다	작은 것 같아요	찾다			
예쁘다		보다			
길다		듣다			

2. 알맞은 것을 골라 대화를 완성해 보세요.

많다	아프다	맛집이다	어렵지 않다

(1) A 브루나는 아직 몸이 안 좋아요?

B 네. 조금 전에 통화했는데 아직 많이 아픈 것 같아요.

(2) A 케이 팝 댄스를 배우고 싶은데 많이 어려워요?

B 아니요. 제 친구들도 많이 배우고 있는데 ______________.

(3) A 블루진스 콘서트 표 예매는 했어요?

B 표가 다 팔려서 못 샀어요. 블루진스는 정말 인기가 ______________.

(4) A 샤니 씨, 행복식당에 가려고 하는데 예약해야 돼요?

B 네. 거기는 항상 사람이 많아서 예약을 안 하면 못 가요. ______________.

3. 알맞은 것을 골라 ○표 해 보세요.

(1) A 타나펀은 항상 제일 먼저 학교에 와요.

B 맞아요. 학교에서 가까운 곳에 (산, 사는, 살) 것 같아요.

(2) A 오후에 산에 가려고 하는데 지금 날씨가 어때요?

B 지금 흐려요. 오후에 비가 (온, 오는, 올) 것 같아요.

(3) A 올가 씨, 한국어 시험 잘 봤어요?

B 시험을 잘 (본, 보는, 볼) 것 같아요. 시험이 쉬웠어요.

(4) A 샤오동은 오늘도 김치찌개를 먹으러 갔어요?

B 네. 김치찌개를 (좋아한, 좋아하는, 좋아할) 것 같아요. 자주 먹어요.

더 알아보기 ❶ A/V-을까요?/ㄹ까요?

p.26

1. 표를 완성해 보세요.

A/V	-을까요?	A/V	-ㄹ까요?
좋다	좋을까요?	길다	
듣다		가다	

2. 대화를 완성해 보세요.

(1) A 리카가 이 선물을 좋아할까요 ?

B 네. 아주 좋아할 것 같아요.

(2) A 사진 동아리 신청이 ____________?

B 네. 끝났어요. 어제까지였어요.

(3) A 내일 빨래방에 사람이 ____________?

B 네. 주말이라서 사람이 많을 것 같아요.

(4) A 지금 길이 ____________?

B 네. 퇴근 시간이라서 길이 막힐 것 같아요.

더 알아보기 ❷ A-을 것 같다/ㄹ 것 같다 N일 것 같다

p.33

1. 표를 완성해 보세요.

A	-을 것 같다/ㄹ 것 같다	N	일 것 같다
작다	작을 것 같아요	선생님	
춥다		배우	

2. 대화를 완성해 보세요.

(1) A 요즘 일본으로 가는 비행기표가 비싸요?

B 잘 모르겠지만 비쌀 것 같아요 .

(2) A 저 영화는 어떤 영화예요?

B 안 봤는데 슬픈 ____________.

(3) A 이 식탁을 사려고 하는데 튼튼할까요?

B 원목으로 만들어서 ____________.

(4) A 레아의 남자 친구는 어떤 사람이에요?

B 안 만나 봤지만 좋은 ____________.

듣기

1. 밑줄 친 부분의 알맞은 발음을 골라 보세요. 그리고 들어 보세요.

1

A 필요한 거 다 골랐어요?

B 거의 다 골랐는데 비누하고 치약만 사면 돼요.

① [골란는데]　　② [골랃는데]

2. 대화를 듣고 질문에 맞는 답을 골라 보세요.

2

(1) 제이슨은 비누와 치약을 왜 사려고 해요?

① 비누와 치약을 다 써서　　② 캠핑 갈 때 가져가려고

(2) 손님은 왜 그릇을 사려고 해요?

① 선물할 그릇이 필요해요.　　② 직접 쓸 그릇이 필요해요.

3. 대화를 듣고 글을 완성해 보세요.

3

올가는 헤드폰이 고장 나서 새로 사려고 해요. 그래서 지금 인터넷 쇼핑몰에서 고르고 있어요. 올가는 지금까지 (1) ______________ 이번에는 좀 다른 색으로 살 거예요. 룸메이트인 리카는 파란색 헤드폰이 색도 예쁘고 올가한테 잘 (2) ______________ 추천했어요. 올가도 파란색 헤드폰이 (3) ______________ 사려고 해요.

memo

말하기

1. 알맞은 것을 골라 써 보세요. 그리고 말해 보세요.

다른 건 없을까요	교환이 가능할까요	할머니께 드릴 가방을 사려고요

점원 어서 오세요. 뭘 찾으세요?

레아 (1) ________________________.

점원 이 가방은 어떠세요? 새로 나왔는데 디자인이 예뻐요.

레아 (2) ________________________?

점원 그럼 이 가방은 어떠세요?

레아 이게 좋겠어요. 그런데 (3) ________________________?

점원 그럼요. 마음에 안 드시면 교환하실 수 있어요.

레아 그럼 이걸로 계산해 주세요.

2. 가게 점원과 올가가 물건 교환에 대해 이야기하고 있어요. 대화를 완성해 보세요.

1

• 무엇 | 도와드리다?

• 여기 | 청소기 | 사다

→ 다른 것 | 바꿀 수 있다?

점원 뭘 도와드릴까요?

올가 (1) ________________________

____

2

• 언제 사다?

• 영수증 | 가져오다?

• 영수증 여기 있다

• 사다 | 5일 정도 되다

점원 언제 사셨어요? 영수증도 가져오셨어요?

올가 (2) ________________________

____

____

3

• 어떤 청소기 | 바꾸고 싶다?

• 사용하기 편한 것 | 있다?

• 이 청소기 | 사용하기 좀 불편하다

점원 어떤 청소기로 바꾸고 싶으세요?

올가 (3) ________________________

____

____

읽기

1. 다음을 읽어 보세요.

이화쇼핑

이화쇼핑

무엇을 도와드릴까요?

얼마 전에 이화쇼핑에서 구두를 샀는데 주문한 것과 색이 다른 구두를 받았습니다. 제가 주문한 구두는 까만색 구두인데 제가 받은 구두는 회색입니다. 그리고 저는 235를 신어서 235를 샀는데 이 신발은 너무 큽니다. 디자인은 마음에 들어서 한 사이즈 작은 까만색 구두로 바꾸고 싶습니다.

이화쇼핑

정말 죄송합니다. 구두를 교환해 드리겠습니다.
그런데 구두를 언제 구매하셨습니까?

일주일 전에 샀고 구두는 3일 전에 도착했습니다.

2. 다시 읽고 답해 보세요.

(1) 레아가 받은 구두로 알맞은 것을 골라 보세요.

①

②

③

(2) 내용과 다른 것을 골라 보세요.

① 구두를 바꾸려고 해요.

② 구두 디자인이 마음에 들어요.

③ 구두를 구매한 지 3일 됐어요.

쓰기

1. 다음은 노트북 구매 후기예요. 다음을 보고 글을 완성해 보세요.

사용 후에 좋은 점은 무엇이었습니까?

- 얇고 아주 가볍다 — 들고 다니기 편하다
- 지금 30% 할인을 하다 — 다른 노트북보다 싸다
- 색깔이 예쁘다
- 디자인이 마음에 들다

이 노트북을 추천합니다.

저는 디자이너입니다. 디자이너여서 일을 할 때 노트북을 많이 사용합니다. 그런데 지금까지 사용한 노트북이 너무 오래되어서 새로 바꾸고 싶었습니다. 요즘 광고하고 있는 W-02 노트북을 사면 좋을 것 같아서 인터넷에서 구매 후기를 읽어 봤습니다. 구매 후기가 좋아서 저도 이 노트북을 사게 됐습니다.

사용 후에 좋은 점은 무엇이었습니까?

____

____

____

____

____

____

____

저처럼 노트북을 바꾸고 싶은 분들에게 이 노트북을 꼭 추천합니다.

8 단원 초대와 방문 Invitations and visits

어휘와 표현 ❶ 초대, 방문

p.42

1. 알맞은 것을 연결해 보세요.

(1) 상을 •　　　　• ① 묶어요

(2) 손님을 •　　　　• ② 차려요

(3) 리본으로 •　　　　• ③ 풀어요

(4) 선물 포장을 •　　　　• ④ 마중해요

2. 그림을 보고 알맞은 것을 골라 문장을 완성해 보세요.

대접하다	배웅하다	장을 보다	선물을 포장하다

(1) 

레아는 보통 마트에서 장을 봐요.

(2) 

타나펀이 예쁜 종이로 ______________ 있어요.

(3) 

내일 반 친구들을 집에 초대해서 저녁 식사를 ______________.

(4) 

어제 집들이가 끝나고 친구들이 집에 갈 때 집 앞에서 ______________.

어휘와 표현 ❷ 선물

p.47

1. 그림을 보고 알맞은 것을 골라 써 보세요.

향수	화분	벽시계	커피 잔 세트

(1) ____화분____

(2) ________________

(3) ________________

(4) ________________

2. 그림을 보고 알맞은 것을 골라 써 보세요.

떡	꽃다발	스탠드	곰 인형	과일 바구니

(1) 아이가  을/를 좋아해요. ____곰 인형____

(2) 침대 옆에 놓으려고  을/를 샀어요. ________________

(3) 동생 졸업식에 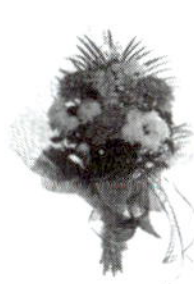 을/를 가져갈 거예요. ________________

(4) 어제 문화 수업에서  을/를 만들었어요. ________________

(5) 선생님 댁에 갈 때 선생님께 드리려고 사과, 바나나 등이 있는  을/를 샀어요. ________________

문법 ❶ V-기로 하다

1. 표를 완성해 보세요.

V	-기로 하다	V	-기로 하다
짓다	짓기로 해요	마시다	
듣다		숙제하다	
눕다		놀다	

2. 다음을 보고 문장을 완성해 보세요.

일	월	화	수	목	금	토
	1	2	3 샤니, 점심	4	5	6 리카, 사진
7 샤오동, 축구	8 타나펀 집, 영화	9	10	11	12	13

(1) 3일에 샤니와 점심을 먹기로 했어요.

(2) 6일에 리카와 사진을 ______________.

(3) 7일에 샤오동과 축구를 ______________ ______________.

(4) 8일에 타나펀 집에서 영화를 ______________ ______________.

3. 알맞은 것을 골라 대화를 완성해 보세요.

가다	입다	만들다	배우다

(1) A 결혼할 때 뭐 입을 거예요?
B 한복을 입기로 했어요.

(2) A 이번 주말에 뭐 할 거예요?
B 친구하고 같이 한강에 ______________.

(3) A 방학 때 뭐 할 거예요?
B 친구와 태권도를 ______________ 태권도장에 다닐 거예요.

(4) A 리카 씨 생일 케이크를 살 거예요?
B 아니요. 직접 만들 거예요. 샤오동 씨하고 같이 ______________.

A/V-거나

pp.48~49

1. 표를 완성해 보세요.

A/V	-거나	A/V	-거나
많다	많거나	바쁘다	
덥다		전화하다	
걷다		살다	

2. 문장을 완성해 보세요.

(1) 친구를 만나면 보통 카페에 가거나 영화를 봐요. (카페에 가다)

(2) 저는 ____________________ 외로울 때 가족이 보고 싶어요. (아프다)

(3) 밤에 잠이 안 올 때 ____________________ 따뜻한 우유를 마셔요. (음악을 듣다)

(4) 보통 스트레스를 잘 안 받지만 ____________________ 시험이 있을 때 스트레스를 받아요. (숙제가 많다)

3. 그림을 보고 대화를 완성해 보세요.

(1)

A 여름 방학에 뭐 하고 싶어요?

B 바다에서 서핑하거나 여행하고 싶어요.

(2)

A 시간이 있을 때 보통 뭐 해요?

B ____________________.

(3)

A 기분이 안 좋으면 어떻게 해요?

B ____________________.

(4)
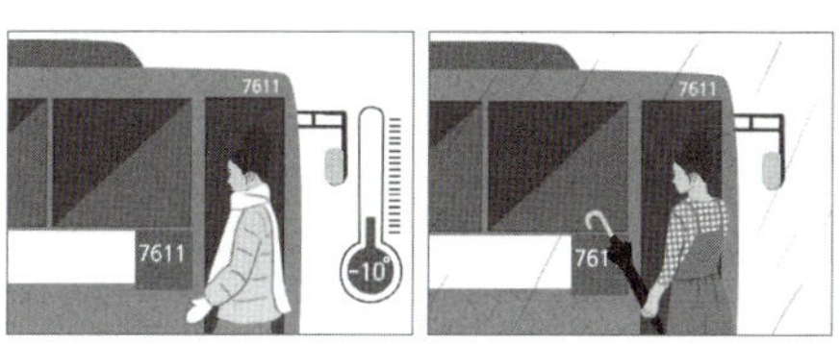

A 학교에 어떻게 와요?

B 보통 걸어서 와요. 그런데 ____________________ 버스를 타요.

문법 ③ A/V-으니까/니까

pp.52~53

1. 표를 완성해 보세요.

A/V	-으니까	A/V	-니까
좋다	좋으니까	크다	
춥다		편하다	
듣다		만들다	

2. 그림을 보고 문장을 완성해 보세요.

(1) 

찌개가 뜨거우니까 ________

조심하세요.

(2) 

눈이 ________

등산은 다음에 가요.

(3) 

사람이 ________

다른 식당에 갈까요?

(4) 

이 컴퓨터는 고장이

____

다른 컴퓨터를 쓰세요.

3. 알맞은 것을 골라 대화를 완성해 보세요.

먹다	열다	있다	크다

(1) A 제이슨 씨, 이번 주말에 만날까요?

B 이번 주는 시험이 있으니까 ________

다음 주에 만나요.

(2) A 은행은 토요일에도 문을 열어요?

B 토요일에는 문을 안 ________

월요일에 가세요.

(3) A 우리 오늘 점심에 피자를 먹을까요?

B 어제도 피자를 ________ 오늘은

다른 거 먹으면 어때요?

(4) A 이 옷은 저한테 좀 큰 것 같아요.

B 네. 사이즈가 조금 ________

한 사이즈 작은 걸로 다시 입어 보세요.

더 알아보기 N이나/나

p.50

1. 표를 완성해 보세요.

N	이나	N	나
집	집이나	바다	
오늘		커피	

2. 그림을 보고 대화를 완성해 보세요.

(1)

A 우리 언제 만날까요?

B 금요일이나 토요일 은/는 어때요?

(2)

A 아침에 보통 뭘 먹어요?

B ____________ 을/를 먹어요.

(3)

A 시간이 있을 때 무슨 운동을 해요?

B ____________ 을/를 해요.

(4)

A 카페에서 주로 뭘 마셔요?

B 저는 커피를 안 좋아해서 ____________ 을/를 마셔요.

3. 대화를 완성해 보세요.

(1) A 보통 어디에서 숙제해요?

B 집이나 도서관 에서 해요.
(집 / 도서관)

(2) A 방학에 어디에 가고 싶어요?

B ____________ 에 가고 싶어요.
(제주도 / 부산)

(3) A 언제 가족에게 전화해요?

B 보통 ____________ 에 전화해요.
(저녁 / 주말)

(4) A 오늘 무슨 옷을 살 거예요?

B ____________ 을/를 살 거예요.
(티셔츠 / 스웨터)

듣기

1. 밑줄 친 부분의 알맞은 발음을 골라 보세요. 그리고 들어 보세요.

4

A 프랑스에서 레아 씨 가족들하고 친구들도 오세요?

B 가족들은 오는데 친구들은 못 올 것 같아요.

① [모돌] ② [모솔]

2. 대화를 듣고 질문에 맞는 답을 골라 보세요.

5

(1) 장소와 그곳에서 할 일을 맞게 연결해 보세요.

① 호텔	•	•	식사
② 남산골한옥마을	•	•	결혼식

(2) 소피아에 대한 설명으로 맞는 것을 골라 보세요.

① 내일 한국에 올 거예요. ② 지난 학기에 1급에서 공부했어요.

3. 대화를 듣고 글을 완성해 보세요.

6

이번 주 일요일에 올가랑 샤니가 타나펀 집에 (1) ____________________. 그날이 올가 생일이라서 타나펀과 리카가 올가에게 깜짝 생일 파티를 해 주기로 했어요. 올가가 향수를 (2) ____________________ 타나펀과 리카는 올가에게 향수를 선물할 거예요. 생일 선물은 리카가 준비하고 케이크는 타나펀이 (3) ____________________. 올가는 이번 주 일요일에 타나펀 집에 5시까지 오고, 리카는 올가보다 조금 더 일찍 오기로 했어요.

memo

말하기

1. 알맞은 것을 골라 써 보세요. 그리고 말해 보세요.

어디에서 모여요	물과 간식을 가져오세요	특별한 일은 없는데 왜요

브루나 올가 씨, 토요일 오전에 시간이 있어요?

올가 (1) ______________________________?

브루나 북한산에 등산하러 가기로 했는데 올 수 있어요?

올가 네. 저도 갈 수 있을 것 같아요. (2) ______________________________?

브루나 학교 정문에서 10시에 만나기로 했어요.

올가 알겠어요. 그런데 제가 뭐 준비해야 할 게 있을까요?

브루나 (3) ______________________________.

올가 네. 알겠어요. 그날 만나요.

2. 리카와 제이슨이 친구 집을 방문할 때 가져갈 선물에 대해 이야기하고 있어요. 대화를 완성해 보세요.

1

• 어떤 선물 | 가져가다?

• 꽃다발 | 과일 바구니 | 좋다

리카 어떤 선물을 가져갈까요?

제이슨 (1) ______________________________

____

2

• 다른 선물 | 없다?

• 그럼 커피 잔 세트 | 어떻다?

리카 다른 선물은 없을까요?

제이슨 (2) ______________________________

____

3

• 커피 잔 세트 | 좋다
• 그런데 어디 | 살 수 있다?

• 인터넷 | 살 수 있다
• 예쁘다 | 커피 잔 세트 | 같이 골라 보다

리카 커피 잔 세트가 좋겠어요. 그런데 어디에서 살 수 있어요?

제이슨 (3) ______________________________

____

____

읽기

1. 다음을 읽어 보세요.

4월 18일(금)

오늘 우리 반 친구들과 같이 김민지 선생님 댁에 갔습니다. 선생님께서 우리를 초대해 주셨습니다. 우리는 선생님께 기억에 남는 선물을 드리고 싶어서 케이크를 직접 만들었습니다. 선생님은 한국 음식을 많이 준비해 주셨습니다. 식사 후에 많은 이야기를 했습니다. 집에 갈 때 선생님께서 지하철역까지 우리를 배웅해 주셨습니다. 오늘 선생님, 친구들과 맛있는 음식도 먹고 많은 이야기도 해서 즐거웠습니다.

2. 다시 읽고 답해 보세요.

(1) 오늘 우리 반 친구들은 왜 김민지 선생님 댁에 갔습니까?

____

(2) 그림을 보고 어제 한 일의 순서를 써 보세요.

① 

② 

③ 

( ) ( ) ( )

쓰기

1. 다음은 외국인 유학생 모임에서 한 일이에요. 다음을 보고 글을 완성해 보세요.

모임에서 무엇을 했습니까?

유학생 모임에서 만난 레이나

지난 주말에 외국인 유학생 모임에 다녀왔습니다. 이 모임은 신촌에 살고 있거나 신촌에 있는 대학교에 다니는 유학생들의 모임입니다. 저는 우리 반 친구 리카가 소개해 줘서 갔습니다.

그 모임에서 ____________________

모임에서 무엇을 했습니까?

새 친구를 사귀고 고향 음식도 먹으니까 기분이 좋았습니다. 아주 즐거운 시간이었습니다. 앞으로 이 모임에 자주 가려고 합니다.

9 단원 건강 Health

어휘와 표현 ❶ 신체

p.62

1. 그림을 보고 알맞은 것을 골라 써 보세요.

눈	목	배	팔	다리	어깨

(1)

___눈___이/가 아파요.

(2)

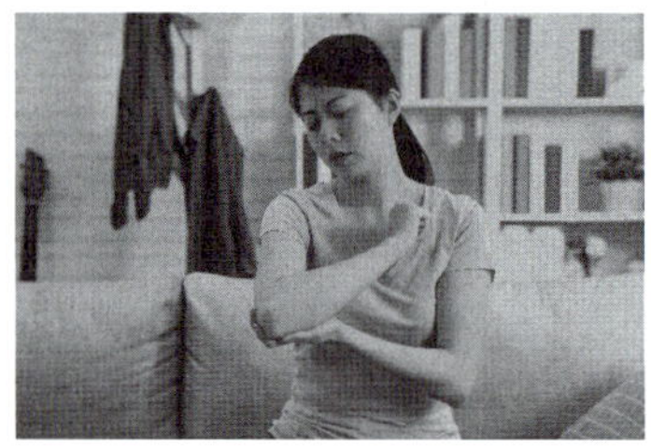

__________이/가 아파요.

(3)

__________이/가 아파요.

(4)

__________이/가 아파요.

(5)

__________이/가 아파요.

(6)

__________이/가 아파요.

p.67

1. 그림을 보고 알맞은 것을 연결해 보세요.

(1) 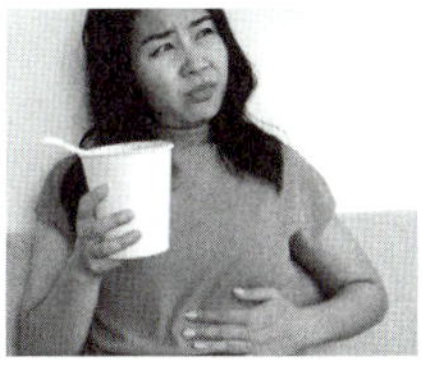 •　　　　• ① 열이 나다

(2)  •　　　　• ② 코가 막히다

(3) 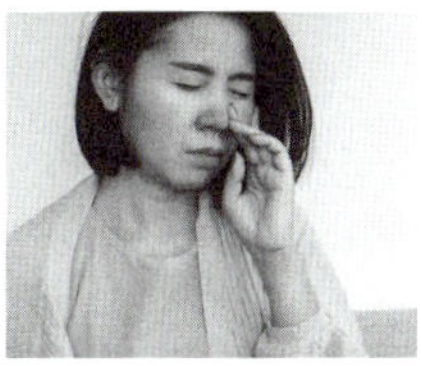 •　　　　• ③ 기침을 하다

(4) 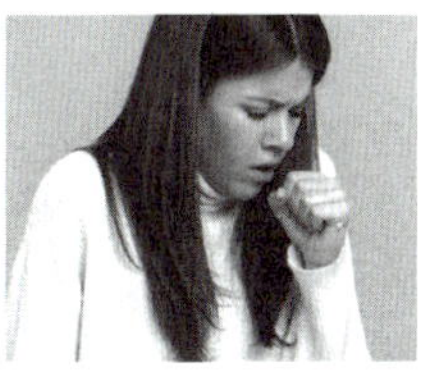 •　　　　• ④ 소화가 안 되다

2. 알맞은 것을 골라 대화를 완성해 보세요.

목이 붓다	배탈이 나다	콧물이 나다	두통이 심하다

(1) A 왜 그렇게 코가 빨개요?

B 계속 콧물이 나서 코를 닦았어요.

(2) A 그건 무슨 약이에요?

B 두통약요. 아침부터 ______________ 먹으려고요.

(3) A 어떤 증상이 있으세요?

B 어제부터 목이 아파요. ______________ 것 같아요.

(4) A 어디 아파요?

B 어제 너무 더워서 찬 음식을 많이 먹었어요. 그래서 ______________.

V-아서/어서

pp.63~64

1. 표를 완성해 보세요.

V	-아서	V	-어서
오다	와서	열다	
찾다		걷다	
살다		눕다	

2. 대화를 완성해 보세요.

(1) A 어제 뭐 했어요?

B 친구를 만나서 같이 경복궁에 갔어요. (만나다)

(2) A 이대역까지 어떻게 가요?

B 이번 역에서 ______ 2호선으로 갈아타세요. (내리다)

(3) A 지금 자리가 있어요?

B 5분쯤 기다리셔야 해요. 여기 ______ 기다려 주세요. (앉다)

(4) A 학교 기숙사에서 음식을 만들 수 있어요?

B 네. 1층 주방에서 음식을 ______ 먹을 수 있어요. (만들다)

3. 알맞은 것을 골라 ○표 해 보세요.

(1) A 이번 학기가 끝나면 뭐 할 거예요?

B 고향에 (돌아가고, 돌아가서) 친구들을 만날 거예요.

(2) A 학교에서 강남역까지 어떻게 가요?

B 저는 강남역에 갈 때 지하철 2호선을 (타고, 타서) 가요.

(3) A 아침에 일어나면 뭐부터 해요?

B 저는 아침에 (일어나고, 일어나서) 가장 먼저 물을 한 잔 마셔요.

(4) A 몸은 좀 어때요? 괜찮아요?

B 아직 머리가 아파요. 집에서 약을 (먹고, 먹어서) 좀 쉬어야겠어요.

문법 ② A/V-게

pp.68~69

1. 표를 완성해 보세요.

A/V	-게	A/V	-게
있다	있게	바쁘다	
쉽다		일어나다	
듣다		이해하다	

2. 관계있는 것을 연결하고 써 보세요.

(1) 감기에 안 걸리다 • • ① 크게 써 주세요

(2) 약속 시간에 늦지 않다 • • ② 일찍 출발했어요

(3) 뒤에서도 잘 볼 수 있다 • • ③ 두꺼운 옷을 입으세요

(4) 외국인 친구들도 먹을 수 있다 • • ④ 맵지 않은 음식을 준비했어요

(1) 감기에 안 걸리게 두꺼운 옷을 입으세요.

(2) ______________________________.

(3) ______________________________.

(4) ______________________________.

3. 알맞을 것을 골라 대화를 완성해 보세요.

모르다	공부하다	덥지 않다	기다리지 않다

(1) A 샤니 씨에게 생일 파티를 알려 줬어요?

B 아니요. 샤니 씨 모르게 준비하고 있어요.

(2) A 교실이 정말 시원해요!

B ____________ 미리 에어컨을 켰어요.

(3) A 내일이 시험이에요. ____________ 조용히 좀 해 주세요.

B 네. 알겠어요.

(4) A 예약은 안 했는데 지금 머리를 자를 수 있어요?

B 두 시간쯤 기다리셔야 돼요. 다음에 오실 때는 ____________ 미리 예약하고 오세요.

문법 ③ V-기 전(에)

pp.72~73

1. 표를 완성해 보세요.

V	-기 전(에)	V	-기 전(에)
찾다	찾기 전(에)	가다	
듣다		쉬다	
눕다		일하다	

2. 다음을 보고 문장을 완성해 보세요.

(1) 오전 10:50 손을 씻다 + 오전 11:00 음식을 만들다

⇨ 음식을 만들기 전에 손을 씻었어요.

(2) 오후 3:00 커피를 마시다 + 오후 3:15 회의를 하다

⇨ 보통 회의를 ____________ 커피를 마셔요.

(3) 목요일 머리를 자르다 + 토요일 사진을 찍다

⇨ 사진을 ____________ 머리를 자를 거예요.

(4) 이번 달 친구들과 송별회를 하다 + 다음 달 고향으로 돌아가다

⇨ 고향으로 ____________ 친구들과 송별회를 하려고 해요.

3. 대화를 완성해 보세요.

(1) A 한국에서는 밥을 먹기 전에 어떻게 인사해요?

B 보통 "잘 먹겠습니다."라고 말해요.

(2) A 시험을 볼 때 휴대 전화를 꺼야 돼요?

B 네. 시험을 ____________ 휴대 전화를 꼭 끄세요.

(3) A 통장을 만들어야 하는데 은행은 보통 몇 시까지 문을 열어요?

B 오후 4시까지요. 은행 문을 ____________ 빨리 가 보세요.

(4) A 옷 안에 시계가 있었는데 모르고 세탁기를 돌려서 시계가 고장났어요.

B 다음부터는 세탁기를 ____________ 옷에서 물건을 꺼내세요.

더 알아보기 ① ㅅ 불규칙

p.66

1. 표를 완성해 보세요.

A/V	-아요/어요	-으면/면	A/V	-아요/어요	-으면/면
낫다	나아요	나으면	붓다		
짓다			*씻다		

2. 문장을 완성해 보세요.

(1) 감기에 걸려서 목이 부었어요. (붓다)

(2) 배탈이 났는데 약을 먹고 ____________. (낫다)

(3) 우리 집에서 친구들과 밥을 ____________ 같이 먹었어요. (짓다)

(4) 제가 차를 준비하는 동안 과일을 좀 ____________ 주세요. (씻다)

더 알아보기 ② A-아지다/어지다

p.76

1. 표를 완성해 보세요.

A	-아지다	A	-어지다
많다	많아져요	예쁘다	
작다		춥다	

2. 문장을 완성해 보세요.

(1) 리카 씨가 어제 염색을 해서 머리 색깔이 달라졌어요. (다르다)

(2) 며칠 동안 야근을 해서 감기가 낫지 않고 더 ____________. (심하다)

(3) 저는 기분이 안 좋을 때 큰 소리로 음악을 들으면 기분이 ____________. (좋다)

(4) 샤오둥 씨는 지난 달부터 아르바이트를 해서 요즘 많이 ____________. (바쁘다)

듣기

1. 밑줄 친 부분의 알맞은 발음을 골라 보세요. 그리고 들어 보세요. 7

A 무슨 일이 있어요?

B 너무 아파서 집에서 쉬려고 해요.

① [무스닐] ② [무슨닐]

2. 대화를 듣고 질문에 맞는 답을 골라 보세요. 8

(1) 약을 어떻게 먹어야 돼요?

① 하루 3번 먹어야 돼요. ② 식사하기 전에 먹어야 돼요.

(2) 리카에 대해 맞는 것을 골라 보세요.

① 오늘 집에서 약을 먹고 쉴 거예요. ② 오늘 병원에 가서 의사를 만날 거예요.

3. 대화를 듣고 글을 완성해 보세요. 9

지유는 다음 주 수업 시간에 발표를 해야 돼요. 준비할 게 너무 많아서 스트레스를 많이 받았어요. 지유는 스트레스를 받았을 때 게임만 하게 돼요. 그래서 더 (1) ________________. 제이슨은 지유의 말을 듣고 잠깐 산책을 하거나 (2) ________________ 먹는 것을 추천했어요. 그래서 오늘 지유는 발표 (3) ________________ 근처 공원에 가서 산책을 할 거예요. 그리고 발표가 끝나면 제이슨과 같이 영화를 보러 가려고 해요.

memo

말하기

1. 알맞은 것을 골라 써 보세요. 그리고 말해 보세요.

책도 못 보겠어요	안약을 사서 넣었어요	눈이 아파서 집에서 쉬려고 해요

브루나 여보세요. 타나펀 씨, 저 브루나예요. 오늘 학교에 왜 안 와요?

타나펀 (1) ______________________________.

브루나 많이 아파요?

타나펀 네. 너무 아파서 (2) ______________________________.

브루나 병원에는 가 봤어요?

타나펀 아니요. 약국에서 (3) ______________________________.

브루나 그래도 안 나오면 집 근처에 있는 병원에 가 보세요.

타나펀 네. 그럴게요. 고마워요.

2. 의사와 샤오동이 증상에 대해 이야기하고 있어요. 대화를 완성해 보세요.

1

• 어떤 증상 | 있다?

• 열 | 나다 + 두통 | 심하다

의사 어떤 증상이 있으세요?

샤오동 (1) ______________________________

____

2

• 언제 | 아프다?

• 어제 아침 | 아프다

의사 언제부터 아프셨어요?

샤오동 (2) ______________________________

____

3

• 다른 증상 | 없다?

• 목 | 아프다
• 그리고 재채기 + 콧물 | 많이 나다

의사 다른 증상은 없으세요?

샤오동 (3) ______________________________

____

____

읽기

1. 다음을 읽어 보세요.

내 복 약

정수빈 님

증상 기침, 콧물

먹는 시간 하루 2번 아침, 저녁

주의해야 할 것

며칠 동안 외출하지 마시고 집에서 푹 쉬세요. 그리고 따뜻한 물을 자주 드세요!

내 복 약

김민지 님

증상 열, 두통

먹는 시간 식사 후

주의해야 할 것

가능하면 사람이 많은 곳에 가지 마세요. 그리고 계속 열이 나면 병원에 가셔서 주사를 맞으세요!

2. 다시 읽고 답해 보세요.

(1) 증상과 이름을 연결해 보세요.

①

②

③
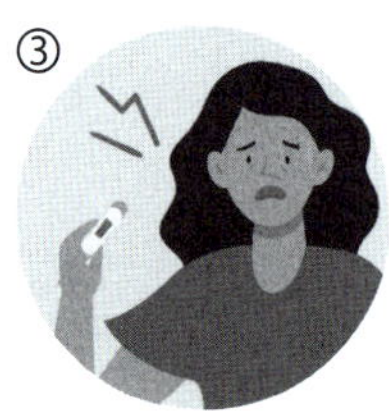

④

정수빈

김민지

(2) 내용과 같은 것을 골라 보세요.

① 정수빈은 식사 때마다 약을 먹을 거예요.

② 김민지는 증상이 좋아지지 않으면 주사를 맞아야 돼요.

③ 정수빈은 며칠 동안 밖에 나가서 운동을 하는 게 좋아요.

쓰기

1. 다음은 건강을 지키기 위한 생활 습관에 대한 메모예요. 다음을 보고 글을 완성해 보세요.

바꾸기 전 생활 습관	바뀐 생활 습관
1) 오후에 집에서 낮잠을 자다	1) 오후에 낮잠 X
2) 보통 저녁 식사 후 커피를 마시다	2) 저녁에 커피 X
3) 밤마다 침대에서 휴대 전화를 보다	3) 자기 전 휴대 전화 X

잠을 잘 잘 수 있는 생활 습관

저는 항상 밤에 잠을 잘 못 자서 낮에 피곤했습니다. 수업 시간에도 집중하기가 너무 힘들었습니다. 그래서 저는 잠을 잘 잘 수 있게 생활 습관을 몇 가지 바꿨습니다. 지금부터 바뀐 생활 습관을 소개하겠습니다.

저는 ____________________

생활 습관이 어떻게 바뀌었습니까?

이 생활 습관을 지키고 저는 잠을 잘 잘 수 있게 됐습니다. 그리고 건강해졌습니다. 잠을 못 자는 분들께서는 저처럼 생활 습관을 바꿔서 편안하게 주무시기 바랍니다.

10 단원 음식 Food

어휘와 표현 ❶ 음식 재료

p.82

1. 그림을 보고 써 보세요.

고기

소고기

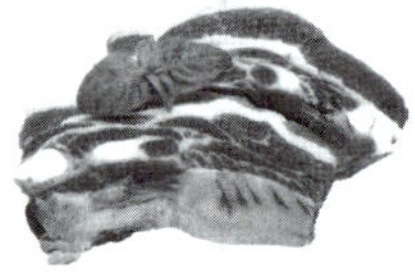

돼지고기

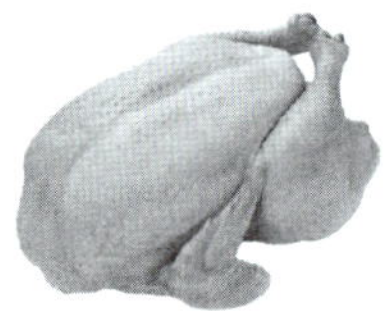

(1) 닭고기

(2) ________

생선

새우

(3) ________

(4) ________

(5) ________

(6) ________

감자

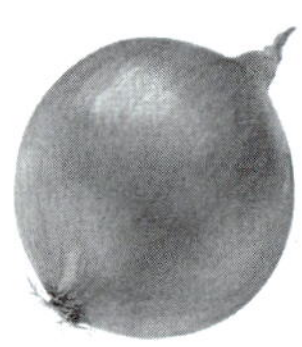

양파

(7) ________

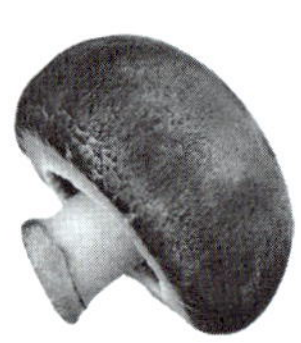

(8) ________

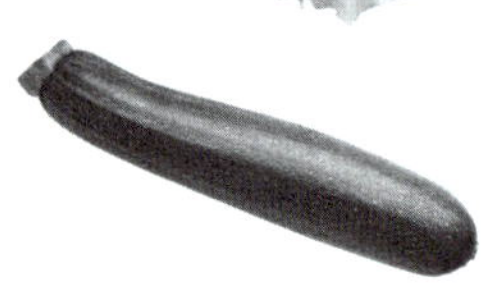

호박

어휘와 표현 ❷ 요리법

p.87

1. 그림을 보고 알맞은 것을 골라 써 보세요.

삶다	섞다	부치다	튀기다

(1)  삶아요.

(2)  ______________.

(3) 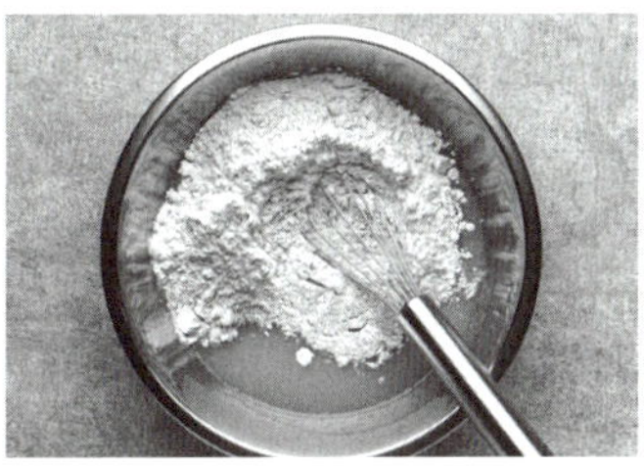 ______________.

(4)  ______________.

2. 그림을 보고 대화를 완성해 보세요.

(1) 

A 레아 씨, 오늘 저녁 반찬은 뭐예요?

B 저녁에 생선을 구워서 먹을 거예요.

(2) 

A 비빔밥을 만들 때 당근은 어떻게 요리해요?

B 작게 썬 당근을 ______________ 돼요.

(3) 

A 만두는 어떻게 요리해서 먹는 게 좋아요?

B ______________ 드세요. 그러면 맛있을 거예요.

(4) 

A 지금 라면을 ______________ 있는데 같이 먹을래요?

B 좋아요. 저도 먹을래요.

어휘와 표현 활용 맛 표현

1. 그림을 보고 알맞은 것을 골라 문장을 완성해 보세요.

달다	맵다	시다	쓰다	짜다	구수하다

(1) 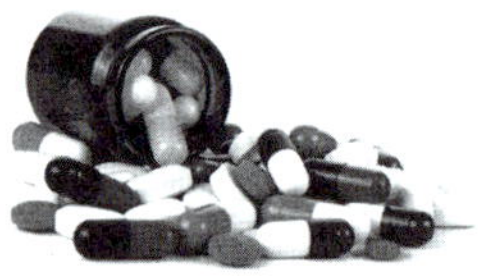

약

약이 써서 ________ 먹기 힘들어요.

(2) 

초콜릿

초콜릿은 ________ 너무 맛있어요.

(3) 

소금

국에 소금을 많이 넣으면 ________.

(4) 

김치와 떡볶이

김치와 떡볶이는 ________ 음식이에요.

(5) 

레몬(Lemon)

저는 레몬처럼 ________ 것은 잘 못 먹어요.

(6) 

된장찌개

어제 먹은 된장찌개는 맛이 아주 ________.

문법 ❶ V-을래요/ㄹ래요

pp.83~84

1. 표를 완성해 보세요.

V	-을래요	V	-ㄹ래요
찾다	찾을래요	자다	
듣다		공부하다	
눕다		놀다	

2. 대화를 완성해 보세요.

(1) A 힘들면 저 의자에 앉을래요?
B 네. 우리 앉아서 좀 쉬어요.

(2) A 케이팝 댄스 동아리에 같이 ______________?
B 좋아요. 재미있을 것 같아서 저도 가입하고 싶었어요.

(3) A 많이 먹어서 배가 부른데 집까지 ______________?
B 네. 집까지 걸어가요.

(4) A 브루나 씨, 저기 보세요. 유명한 가수 아니에요?
B 맞아요. 제가 좋아하는 가수예요. 우리 가서 사인을 ______________?

3. 다음을 보고 대화를 완성해 보세요.

(1) ☑ 굽이 낮은 구두 ☐ 굽이 높은 구두
A 굽이 높은 구두를 살 거예요?
B 아니요. 불편할 것 같아요. 굽이 낮은 구두를 살래요.

(2) ☐ 냉면 ☑ 비빔밥
A 냉면과 비빔밥 중에서 뭐 먹고 싶어요?
B 냉면은 어제 먹었으니까 저는 오늘 ______________.

(3) ☑ 숙제 ☐ 자전거
A 오늘 오후에 같이 자전거 타러 갈까요?
B 미안해요. 숙제가 많아서 저는 집에서 ______________.

(4) ☐ 버스 ☑ 지하철
A 리카 씨는 콘서트장에 버스로 갈 거예요?
B 아니요. 토요일이라서 길이 막히니까 ______________.

문법 ❷ V-을까 하다/ㄹ까 하다

pp.88~89

1. 표를 완성해 보세요.

V	-을까 하다	V	-ㄹ까 하다
앉다	앉을까 해요	쓰다	
걷다		일하다	
짓다		열다	

2. 그림을 보고 대화를 완성해 보세요.

(1) 건우 도서관에 가서 책을 읽을까 해요.

(2) 레아 집에서 프랑스 빵을 ________.

(3) 올가 미용실에 가서 머리를 ________.

(4) 샤오동 선물을 사러 백화점에 ________.

3. 알맞은 것을 골라 대화를 완성해 보세요.

듣다	먹다	올리다	다녀오다

(1) A 가족이 한국에 오면 뭐 할 거예요?

B 맛집에 가서 한국 음식을 먹을까 해요.

(2) A 이번 주말에 뭐 할 거예요?

B 지난번에 찍은 여행 사진을 블로그에 ________.

(3) A 다음 달에도 요리 수업을 신청할 거예요?

B 네. 가능하면 계속 요리 수업을 ________. 아주 재미있어요.

(4) A 이번 방학 때 뭐 할 거예요?

B 특별한 계획은 없어요. 비행기 표가 있으면 고향에 ________.

문법 ③ V-은 후(에)/ㄴ 후(에)

pp.92~93

1. 표를 완성해 보세요.

V	-은 후에	V	-ㄴ 후에
읽다	읽은 후에	가다	
낫다		요리하다	
눕다		놀다	

2. 다음을 보고 문장을 완성해 보세요.

(1) 오전 8:00 수영장에서 수영하다 → 오전 9:00 학교에 가다

⇨ 보통 아침에 수영장에서 수영한 후에 학교에 가요.

(2) 오전 10:00 김밥을 사다 → 오후 12:30 공원에 가져가서 먹다

⇨ 지난 토요일에 김밥을 ________________ 공원에 가져가서 먹었어요.

(3) 이번 학기 동아리에서 사진을 찍다 → 방학 사진 전시회를 하다

⇨ 동아리에서 사진을 ________________ 방학 때 사진 전시회를 할 거예요.

(4) 어제 친구 결혼 소식을 듣다 → 오늘 친구에게 전화해서 축하해 주다

⇨ 어제 친구 결혼 소식을 ________________ 친구에게 전화해서 축하해 줬어요.

3. 다음을 보고 글을 완성해 보세요.

시간	활동
9:10 - 13:00	한국어 수업을 듣다
13:00 - 14:00	점심을 먹다
14:00	출근하다
14:10 - 15:00	이메일을 보다
15:00 - 16:00	서류를 만들다
16:00 - 17:00	회의하다
17:10	퇴근하다

저는 오늘 오전에 한국어 수업을 들었습니다. 수업 후에 점심 식사를 했습니다. 점심을 (1) 먹은 후에 회사에 갔습니다. 회사에 (2) ________________ 바로 책상에 앉았습니다. 컴퓨터를 켜고 이메일을 봤습니다. 그리고 서류를 (3) ________________ 회의했습니다. 오후 5시에 회의가 (4) ________________ 퇴근했습니다. 오늘도 아주 바쁜 날이었습니다.

듣기

1. 밑줄 친 부분의 알맞은 발음을 골라 보세요. 그리고 들어 보세요. 10

A 기억에 남는 음식은 어떤 음식이에요?

B 생일날 먹은 미역국요.

① [생일날]　　② [생일랄]

2. 대화를 듣고 질문에 맞는 답을 골라 보세요. 11

(1) 제이슨에 대해 맞는 것을 골라 보세요.

① 매운 음식을 잘 먹어요.　　② 떡볶이를 먹은 적이 없어요.

(2) 브루나는 왜 토마토 스파게티를 먹을 거예요?

① 해산물을 먹을 수 없어서　　② 토마토 스파게티가 유명해서

3. 대화를 듣고 글을 완성해 보세요. 12

레아는 어제 남편 생일이라서 집에서 프랑스 음식 '라타투이'를 만들었어요. '라타투이'는 프랑스 사람들이 평소에 집에서 자주 (1) ____________ 음식이에요. '라타투이'는 먼저 토마토를 (2) ____________ 호박과 가지를 올려서 오븐에 구워요. 만드는 방법이 간단해요. (3) ____________ 빵하고 같이 먹으면 더 맛있어요.

memo

말하기

1. 알맞은 것을 골라 써 보세요. 그리고 말해 보세요.

뭐 좀 시킬래요	그건 뭘로 만들어요	고기를 잘 안 먹어요

샤니　너무 배고파요. 리카 씨, 우리 (1) ______________________?
리카　좋아요. 배달시켜서 먹어요. 피자 어때요?
샤니　어제 피자를 먹었어요. 한국 음식은 어때요?
리카　좋아요. 그런데 제가 (2) ______________________.
샤니　그럼 비빔밥 먹어 볼래요?
리카　비빔밥은 아직 못 먹어 봤는데 (3) ______________________?
샤니　버섯, 당근 같은 채소가 들어가는데 아주 맛있어요.
리카　그럼 저도 비빔밥 먹어 볼래요.

2. 타나펀과 상진이 가족과 갈 수 있는 식당에 대해 이야기하고 있어요. 대화를 완성해 보세요.

1

• 어디 | 가다 | 좋다?

• 학교 근처 | 있다 | '행복 식당' | 한번 가 보다

타나펀　어디에 가면 좋을까요?
상진　(1) ______________________
____

2

• 그 집 | 뭐 | 잘하다?

• 갈비탕 + 삼계탕 | 잘하다
• 한번 먹어 보다

타나펀　그 집은 뭘 잘해요?
상진　(2) ______________________
____
____

3

• 삼계탕 | 어떤 음식이다?

• 닭고기 | 물에 넣다 + 오래 끓이다
• 맵지 않다 + 건강 | 좋다

타나펀　삼계탕은 어떤 음식이에요?
상진　(3) ______________________
____
____

읽기

1. 다음을 읽어 보세요.

김밥나라	
영업 중 ★4.5 리뷰 60	♡ 244

해산물을 넣고 끓인 라면으로 유명한 식당이에요. 이 집 김밥은 작게 썬 야채가 많이 들어가서 다이어트 하는 사람들이 많이 찾아요.

우리한식당	
영업 중 ★4.3 리뷰 34	♡ 146

소고기를 네모나게 만들어서 구운 떡갈비는 인기가 아주 많아요. 그리고 두부와 호박을 넣은 된장찌개도 구수해서 많은 사람들이 좋아해요.

2. 다시 읽고 답해 보세요.

(1) 요리법과 재료를 써 보세요.

음식	요리법	재료
① 라면	끓여요	ⓐ ______________
② 떡갈비	ⓑ ______________	ⓒ ______________

(2) 내용과 같은 것을 골라 보세요.

① 된장찌개에 고기가 들어가서 맛이 구수해요.

② 김밥에 야채가 들어가는데 작게 썰어서 넣어요.

③ 우리한식당은 다이어트하는 사람들에게 인기가 많아요.

쓰기

1. 다음은 기억에 남는 음식에 대한 경험이에요. 다음을 보고 글을 완성해 보세요.

어디에서 먹었습니까?

처음에 어땠습니까?

한국 친구가 만들어 준 김치볶음밥

저는 고향에 있을 때 매운 음식을 먹은 적이 없습니다. 고향에서 한국 드라마를 봤는데 거기에 김치볶음밥이 나왔습니다. 그 김치볶음밥이 맛있을 것 같았습니다. 그래서 한국에 오면 김치볶음밥을 꼭 먹어 보고 싶었습니다.

어디에서 먹었습니까?

한국에 온 지 한 달쯤 되었을 때 수업 후에 ______________________________

처음에 어땠습니까?

____

그 후에 지유가 저에게 김치볶음밥 만드는 것을 가르쳐 줬습니다. 그래서 저도 집에서 만들어 봤습니다. 그렇지만 지유가 만들어 준 김치볶음밥보다 맛이 없었습니다. 저는 지유가 만들어 준 김치볶음밥이 또 먹고 싶습니다.

11 단원 교통 Transpotation

어휘와 표현 ① 버스, 택시 이용

p.102

1. 그림을 보고 알맞은 것을 골라 써 보세요.

벨을 누르다	손잡이를 잡다	버스 노선을 보다	단말기에 교통카드를 찍다

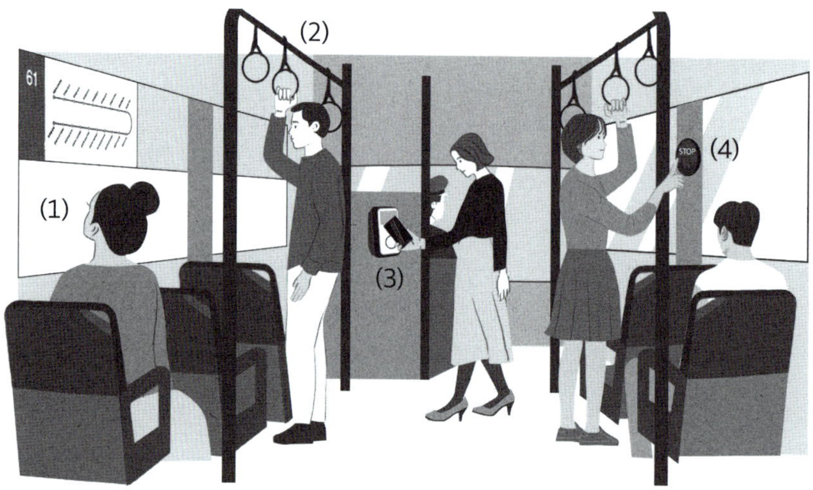

(1) 버스 노선을 봐요. (2) ______________.

(3) ______________. (4) ______________.

2. 알맞은 것을 골라 글을 완성해 보세요.

택시를 잡다	택시를 부르다	택시 요금을 내다	목적지를 말하다

한국에서 택시를 탈 때는 보통 길에서 (1) 택시를 잡거나 택시 앱으로 (2) ______________. 택시를 타면 가려고 하는 (3) ______________. 그리고 목적지에 도착하면 택시에서 내리기 전에 (4) ______________. 교통카드로 낼 수 있어서 편해요.

 p.107

1. 그림을 보고 써 보세요.

(1)
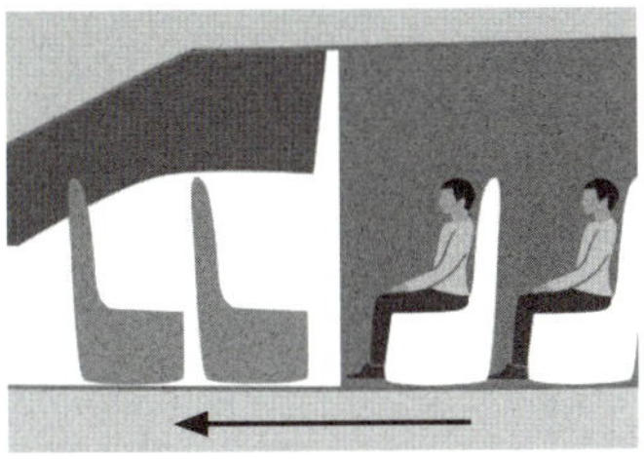
순방향

(2)
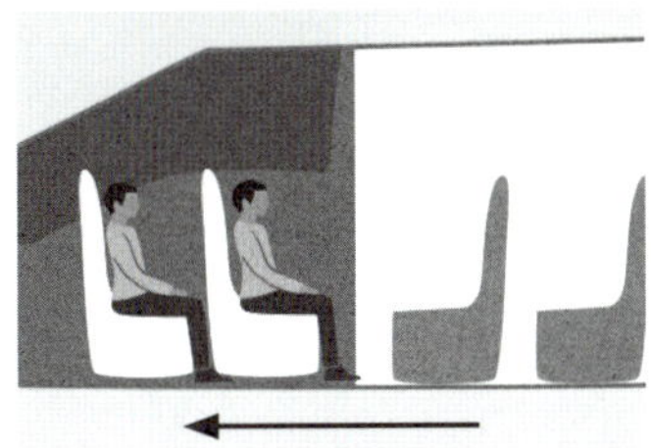
____

(3)
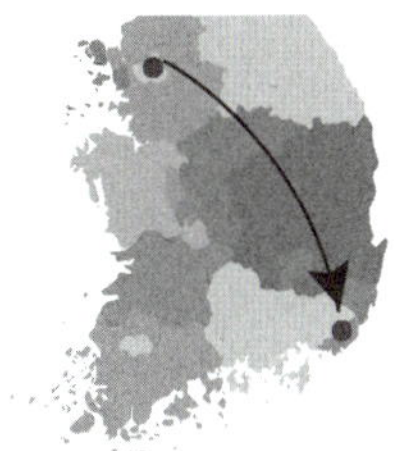
____

(4)

____

2. 그림을 보고 대화를 완성해 보세요.

(1)
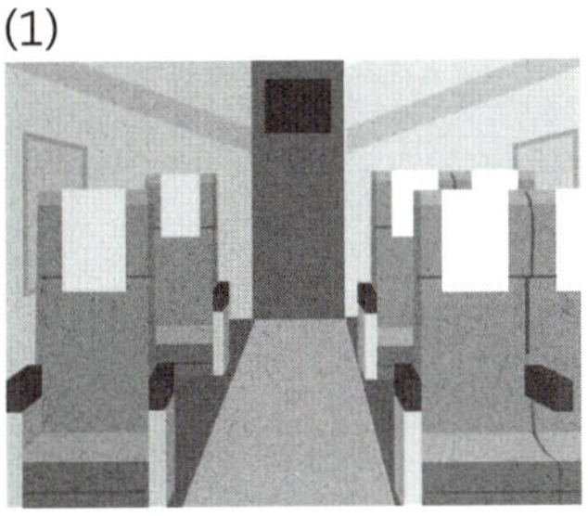
(2)
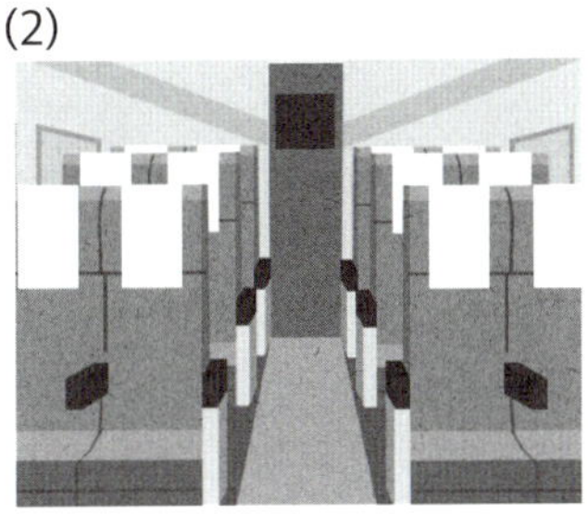

A (1) 특실 ______은/는 의자가 넓어서 좋은데 표가 너무 비싸네요.

B 그럼 가격이 조금 더 싼 (2) __________으로/로 예매할까요?

A 네. 좋아요.

(3)
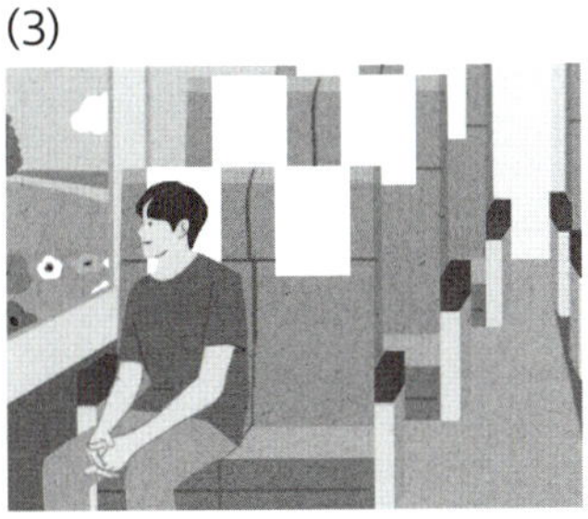
(4)
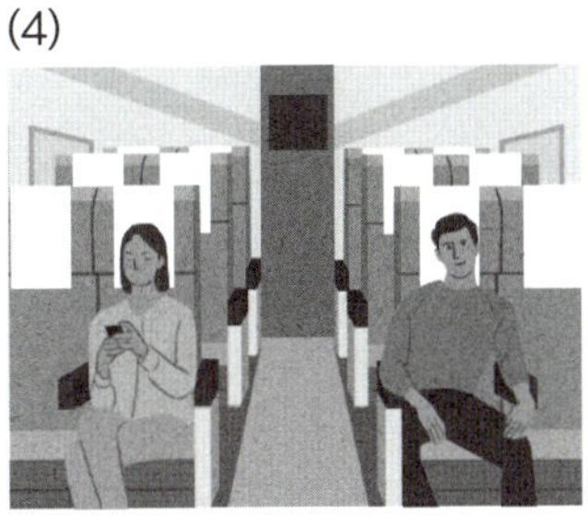

A 상진 씨는 기차 여행을 할 때 보통 어떤 자리에 앉아요?

B 저는 경치를 잘 볼 수 있는 (3) __________에 앉는 걸 좋아해요. 레아 씨는요?

A 저는 (4) __________도 괜찮은 것 같아요. 화장실에 가기 편하니까요.

문법 ① A/V-네요

pp.103~104

1. 표를 완성해 보세요.

A/V	-네요	A/V	-네요
맛있다	맛있네요	예쁘다	
아쉽다		그리다	
듣다		만들다	

2. 그림을 보고 문장을 완성해 보세요.

(1)

열이 많이 나네요.

(2)

바지가 좀 ____________.

(3)

구두가 정말 ____________.

(4)

오늘은 길이 많이 ____________.

3. 알맞은 것을 골라 대화를 완성해 보세요.

덥다	들다	좋다	일어나다

(1) A 오늘 아침 6시에 일어나서 운동을 했어요.
B 6시요? 일요일인데 일찍 일어났네요.

(2) A 이 원피스는 어떠세요? 요즘 인기가 많아요.
B 마음에 ____________. 한번 입어 볼게요.

(3) A 에어컨을 켤까요? 방이 너무 ____________.
B 네. 제가 켤게요.

(4) A 이번 방학에 제주도 여행을 가기로 했어요.
B 정말 ____________. 저도 가 보고 싶어요.

문법 ❷ N이나/나, N밖에

pp.108~109

1. 표를 완성해 보세요.

N	이나/나	밖에
다섯 권	다섯 권이나	
세 마리		

2. 알맞은 것을 골라 ○표 해 보세요.

(1) 어제 커피를 다섯 잔(이나, 밖에) 마셔서 밤에 잠을 못 잤어요.

(2) 제 동생은 모자를 좋아해요. 집에 동생 모자가 열 개(나, 밖에) 있어요.

(3) 이 책을 내일 도서관에 반납해야 하는데 책이 너무 어려워서 조금(이나, 밖에) 못 읽었어요.

(4) 제가 회사를 그만둔 것은 어머니(나, 밖에) 몰라요. 다른 가족들에게는 아직 말하지 못했어요.

(5) 우리 반에 일본 사람이 세 명, 프랑스 사람이 네 명 있어요. 태국 사람은 한 명(이나, 밖에) 없어요.

3. 대화를 완성해 보세요.

(1) A 어제 잘 잤어요?

B 네. 너무 피곤해서 열두 시간이나 잤어요. (열두 시간)

(2) A 볼펜 좀 빌려줄 수 있어요?

B 미안해요. 저도 볼펜이 ________________ 없어요. (하나)

(3) A 한국말을 잘하네요. 한국에서 오래 살았어요?

B 아니요. 한국에 온 지 ________________ 안 됐어요. (4개월)

(4) A 빵을 ________________ 샀어요? 왜 이렇게 많이 샀어요? (열 개)

B 오늘 동아리 모임이 있어서 동아리 친구들하고 같이 먹으려고요.

(5) A 보통 집에서 식사해요?

B 네. 그런데 요즘은 약속이 많아서 이번 주에만 외식을 ________________ 했어요. (여섯 번)

A/V-기 때문에

pp.112~113

1. 표를 완성해 보세요.

A/V	-기 때문에	A/V	-기 때문에
춥다	춥기 때문에	편하다	
읽다		모르다	
묻다		살다	

2. 관계있는 것을 연결하고 써 보세요.

(1) 요즘 회사 일이 많다 • • ① 살기 좋다

(2) 그 식당은 음식이 맛있고 싸다 • • ② 손님이 많다

(3) 저는 매운 음식을 좋아하지 않다 • • ③ 김치를 안 먹다

(4) 우리 동네는 편의 시설이 많고 교통이 편리하다 • • ④ 야근을 자주 하다

(1) 요즘 회사 일이 많기 때문에 야근을 자주 합니다.

(2) ______________________________.

(3) ______________________________.

(4) ______________________________.

3. 알맞은 것을 골라 대화를 완성해 보세요.

가다	살다	생일이다	되고 싶다

(1) A 리카는 왜 동아리 모임에 안 왔어요?

B 어제 고향에 갔기 때문에 동아리 모임에 못 왔어요.

(2) A 왜 한국어를 전공하려고 합니까?

B 한국어 선생님이 ______________ 전공하려고 합니다.

(3) A 기숙사에는 많은 학생들이 같이 ______________ 규칙을 잘 지켜야 합니다.

B 네. 알겠습니다.

(4) A 레아 씨, 수업 후에 어디에 갈 거예요?

B 토요일이 남자 친구 ______________ 선물을 사러 백화점에 가려고 해요.

더 알아보기 ① A-군요/V-는군요

p.111

1. 표를 완성해 보세요.

A	-군요	V	-는군요
덥다	덥군요	찍다	
예쁘다		일하다	

2. 대화를 완성해 보세요.

(1) A 여자 친구를 사귄 지 7년 됐어요.
B 7년이나요? 오래됐군요. (오래되다)

(2) A 저는 매일 두 시간 운동해요.
B 와, 운동을 많이 __________. (하다)

(3) A 집에서 학교까지 1시간쯤 걸려요.
B 그래요? 집이 좀 __________. (멀다)

(4) A 지금 택시로 가고 있는데 길이 너무 막혀요.
B 그래요? 그럼 좀 __________. (늦다)

더 알아보기 ② N 때문에

p.116

1. 표를 완성해 보세요.

N	때문에	N	때문에
시험	시험 때문에	감기	

2. 알맞은 것을 골라 글을 완성해 보세요.

두통 　 문제 　 소리 　 룸메이트

저는 기숙사에서 룸메이트와 같이 삽니다. 처음에는 (1) 룸메이트 때문에 조금 힘들었습니다. 제 룸메이트가 매일 새벽까지 게임을 해서 시끄러운 (2) __________ 저는 잠을 잘 못 잤습니다. 그래서 아침마다 머리가 아팠습니다. (3) __________ 매일 약을 먹었습니다. 저는 이런 (4) __________ 룸메이트와 많이 이야기했습니다. 그 후부터 룸메이트는 밤에 게임을 하지 않았고 우리는 잘 지내게 됐습니다.

듣기

1. 밑줄 친 부분의 알맞은 발음을 골라 보세요. 그리고 들어 보세요. 13

A 버스 정류장에서 집까지 5분밖에 안 걸려요.

B 가깝네요.

① [정뉴장] ② [정류장]

2. 대화를 듣고 질문에 맞는 답을 골라 보세요. 14

(1) 수빈은 무엇을 하고 있어요?

① 앱으로 택시를 부르고 있어요. ② 앱으로 택시 부르는 방법을 알려 주고 있어요.

(2) 들은 내용과 같은 것을 골라 보세요.

① 올가는 공연 시간보다 늦게 도착했어요. ② 올가는 지갑을 놓고 왔기 때문에 늦었어요.

3. 대화를 듣고 글을 완성해 보세요. 15

브루나는 다음 주말에 경주에 가려고 기차표를 예매하고 있어요. 케이티엑스(KTX)가 고속 버스보다 (1) ____________ 기차로 가려고 해요. 아침 8시쯤 출발할 거예요. 그런데 (2) ____________ 통로 자리로 예매하려고 해요. 그리고 나중에 돌아올 표도 미리 사는 게 좋아서 (3) ____________.

memo

말하기

1. 알맞은 것을 골라 써 보세요. 그리고 말해 보세요.

영화관에 가서	시내에 행사가 있어서	버스 노선을 잘 몰라서

레아 여보세요. 올가 씨, 제가 지금 가고 있는데 좀 늦을 것 같아요. 미안해요.

올가 그래요? 저는 방금 도착했어요.

레아 일찍 나왔는데 (1) ____________________ 차가 꼼짝도 안 하네요.

올가 지금 버스로 오고 있어요?

레아 아니요. (2) ____________________ 택시를 탔어요.

올가 알겠어요. 걱정하지 마세요. 먼저 (3) ____________________ 있을게요.

레아 네. 빨리 갈게요.

2. 브루나와 다니엘이 다니엘의 집에 가는 방법에 대해 이야기하고 있어요. 대화를 완성해 보세요.

1

- 다니엘 씨 집 | 어디이다?

- 광화문이다 → 학교 | 멀지 않다

브루나 다니엘 씨 집이 어디예요?

다니엘 (1) ____________________

____

2

- 학교 | 어떻게 가면 되다?

- 이대역 | 2호선 | 타다
  → 충정로역 | 5호선 | 갈아타다
- 그리고 광화문역 | 내리다

브루나 학교에서 어떻게 가면 돼요?

다니엘 (2) ____________________

____

____

3

- 거기 | 어떻게 가야 되다?

- 지하철역 | 나오다 | 100m쯤 가다
  → 이화오피스텔 | 보이다
- 지하철역 | 집 | 10분 | 안 걸리다

브루나 거기에서 어떻게 가야 돼요?

다니엘 (3) ____________________

____

____

읽기

1. 다음을 읽어 보세요.

http://ewhahotel.co.kr/aboutus

About Us ▾ | 오시는 길 ▾

• 호텔 위치

이화호텔은 인사동에 있습니다. 지하철 1호선 종각역과 3호선 안국역이 모두 가깝고 안국역 바로 앞에 공항버스 정류장도 있어서 교통이 매우 편리합니다.

종각역에서 오는 방법
종각역 3번 출구로 나오세요. 똑바로 50m쯤 가면 이화호텔이 있습니다.

안국역에서 오는 방법
안국역 6번 출구 앞에 있는 횡단보도를 건너세요. 똑바로 50m쯤 간 후에 사거리에서 왼쪽으로 가면 이화호텔이 있습니다.

• 인천공항에서 호텔까지 오는 방법

2. 다시 읽고 답해 보세요.

(1) 이화호텔의 위치로 맞는 것을 골라 보세요.

①
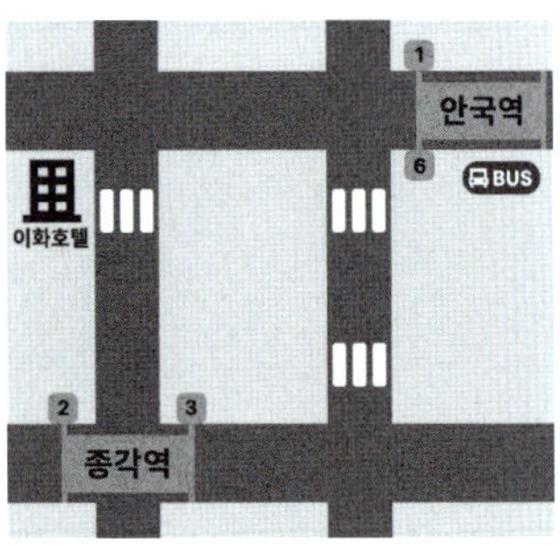

②
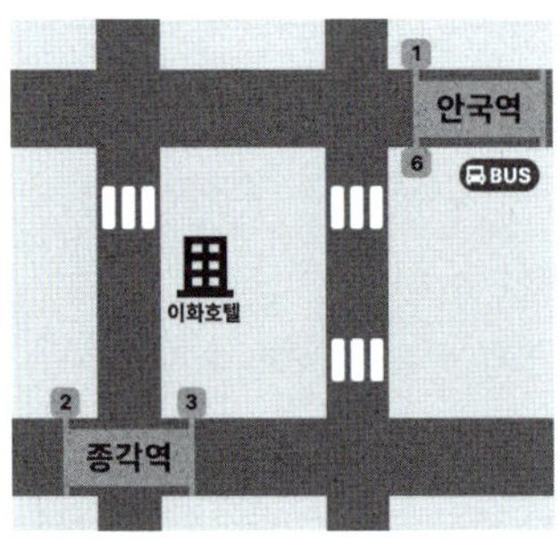

③
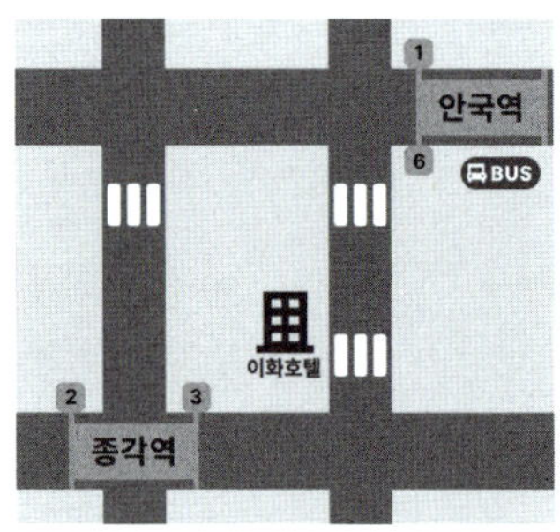

(2) 이화호텔에 가는 방법으로 알맞지 않은 것을 골라 보세요.

① 서울역에서 1호선을 타면 돼요.

② 6011번 버스를 타면 안국역 근처에서 내려요.

③ 공항철도를 타면 중간에 갈아타지 않아도 돼요.

쓰기

1. 다음은 부산의 특별한 교통수단 '스카이캡슐(Sky Capsule)'에 대한 설명이에요. 다음을 보고 글을 완성해 보세요.

스카이캡슐(Sky Capsule)	특징	이용 방법
•바다 옆을 지나는 작은 기차 •바다 구경 가능 : 특히 비 또는 눈 올 때	•4명까지 탈 수 있다 : 가족과 같이 가면 좋다	•인터넷 예매 •주말이나 방학 때 사람 많다

부산의 스카이캡슐(Sky Capsule)

여러분, 부산에 가 본 적이 있습니까? 부산은 바다와 가까운 도시입니다. 그래서 많은 사람들이 바다를 보러 부산에 갑니다. 그런 사람들에게 꼭 추천해 주고 싶은 교통수단이 있습니다. 그것은 바로 '스카이캡슐'입니다.

스카이캡슐이 무엇입니까?

특징이 무엇입니까?

어떻게 이용합니까?

부산에 여행을 가게 되면 꼭 한번 타 보시기 바랍니다. 기억에 남는 여행이 될 겁니다.

12 단원 축하와 감사 Congratulations and thanks

어휘와 표현 ① 감정

p.122

1. 그림을 보고 알맞은 것을 골라 써 보세요.

그립다	슬프다	창피하다	짜증(이) 나다

(1)

슬퍼요.

(2)

________.

(3)

________.

(4)

________.

2. 알맞은 것을 골라 대화를 완성해 보세요.

기쁘다	섭섭하다	속상하다	지루하다

(1) A 어제 본 영화는 어땠어요?

B 영화가 길고 지루해서 조금 졸았어요.

(2) A 고등학교 친구들은 잘 만났어요?

B 네. 친구들과 헤어지기 ________ 늦게까지 이야기를 했어요.

(3) A 잃어버린 가방을 찾았어요?

B 네. 어제 유실물 센터에서 연락이 왔어요. 가방을 찾아서 너무 ________.

(4) A 시험 잘 봤어요?

B 아니요. 늦잠을 자서 시험 보러 못 갔어요. 열심히 준비했는데 너무 ________.

1. 그림을 보고 대화를 완성해 보세요.

작년에 무슨 일이 있었어요?

(1)

1등을 했어요.

(2)

________________.

(3)

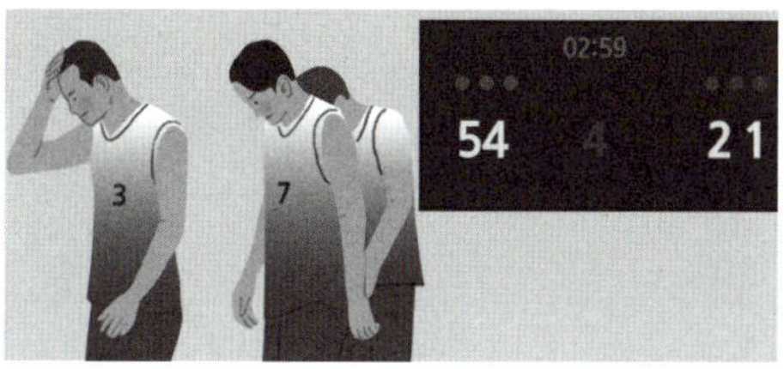

________________.

(4)

________________.

2. 알맞은 것을 골라 대화를 완성해 보세요.

붙다	승진하다	입원하다	헤어지다

(1) A 제가 이번에 직장에서 승진했어요. 오늘 점심은 제가 살게요.
B 정말요? 축하해요!

(2) A 대학교 입학시험 결과가 나왔어요?
B 네. 어제 나왔는데 시험에 ________. 합격해서 너무 기뻐요.

(3) A 요즘 수빈 씨는 어떻게 지내요?
B 얼마 전에 남자 친구하고 ________. 그래서 기분이 안 좋은 것 같아요.

(4) A 샤니 씨, 지난주에 왜 학교에 안 왔어요?
B 교통사고가 나서 병원에 ________. 그래서 그동안 학교에 못 나왔어요.

문법 ❶ A/V-아/어

1. 표를 완성해 보세요.

A/V	-아	A/V	-어
아프다	아파	적다	
앉다		쉬다	
살다		걷다	

2. 반말로 써 보세요.

(1) 지난 주말에 뭐 했어요? ⇨ 지난 주말에 뭐 했어 ?

(2) 제 취미는 영화보기예요. ⇨ ______________________ ?

(3) 이번 방학에 뭐 할 거예요? ⇨ ______________________ ?

(4) 그 식당 음식은 맛있는데 값이 좀 비싸요. ⇨ ______________________ ?

3. 다음을 보고 반말로 써 보세요.

샤오동: 이번 주말에 바빠요?

다니엘: 바쁘지 않아요. 무슨 일이에요?

샤오동: 제이슨하고 같이 부산에 놀러 가기로 했는데 같이 갈 수 있어요?

다니엘: 좋아요. 저도 갈래요.

샤오동: 이번 주말에 (1) 바빠 ?

다니엘: (2) ______________. 무슨 (3) ______________ ?

샤오동: 제이슨하고 같이 부산에 놀러 가기로 했는데 같이 (4) ______________ ?

다니엘: (5) ______________. 나도 (6) ______________.

1. **표를 완성해 보세요.**

V	-아/어	-자	V	-아/어	-자
찾다	찾아		타다		
듣다			놀다		

2. **대화를 완성해 보세요.**

(1) A 오늘 날씨가 어때? 많이 추워?
B 응. 바람이 많이 부니까 옷을 따뜻하게 입어______. (입다)

(2) A 내일 내가 리카 집에 몇 시까지 갈까?
B 집들이가 6시부터니까 5시 50분까지 ______. (오다)

(3) A 곧 비가 올 것 같아.
B 그럼 우리 오늘 산에 ______. 다음 주에 가는 게 어때? (가지 말다)

(4) A 우리 수업 후에 쇼핑할까?
B 내일 시험이 있어서 공부해야 하니까 주말에 같이 ______. (쇼핑하다)

3. **다음을 보고 반말로 써 보세요.**

New Message

지유 씨에게
이번 주 토요일에 행복식당에서 다니엘 송별회를 하기로 했어요. 토요일에 맛있는 것도 먹고 같이 사진도 찍어요. 우리 토요일 12시에 행복식당에서 만나요. 약속 시간에 늦지 마세요. 혹시 늦으면 연락해 주세요. 그럼 토요일에 봐요.

New Message

지유에게
이번 주 토요일에 행복식당에서 다니엘 송별회를 하기로 했어. 토요일에 맛있는 것도 먹고 같이 사진도 (1) ______. 우리 토요일 12시에 행복식당에서 (2) ______. 약속 시간에 (3) ______. 혹시 늦으면 (4) ______. 그럼 토요일에 (5) ______.

문법 ❸ A/V-지요?

1. 표를 완성해 보세요.

A/V	-지요?	A/V	-지요?
많다	많지요?	예쁘다	
먹다		보내다	
낫다		열다	

2. 알맞은 것을 골라 대화를 완성해 보세요.

가다	맵다	어렵다	좋아하다

(1) A 한국 음식은 모두 맵지요 ?
B 아니요. 맵지 않은 음식도 있어요.

(2) A 어제 시험이 ________?
B 네. 생각보다 어려웠어요. 시험에 떨어질 것 같아요.

(3) A 이번 방학에 집에 ________?
B 아니요. 안 갈 거예요. 다음 학기가 끝난 후에 갈 거예요.

(4) A 한국 사람들은 모두 케이팝을 ________?
B 아니요. 케이팝을 좋아하는 사람도 있고 좋아하지 않는 사람도 있어요.

3. 그림을 보고 대화를 완성해 보세요.

(1)
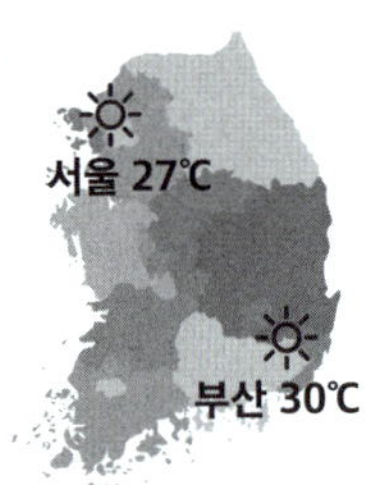

A 부산이 서울보다 덥지요 ?
B 네. 부산이 더 더워요.

(2)

A 제이슨은 영어 ________?
B 네. 학원에서 학생들에게 영어를 가르치고 있어요.

(3)

A 다음 주에 시험을 ________?
B 네. 다음 주 화요일과 수요일에 시험이 있어요.

(4)

A 지난 주말에 ________?
B 아니요. 비가 와서 못 갔어요. 다음 주에 등산하기로 했어요.

⊕ 더 알아보기 ❶ 응, 아니

p.123

1. 표를 완성해 보세요.

높임말	반말	높임말	반말
네	응	아니요	

2. 대화를 완성해 보세요.

(1) A 어제 일찍 퇴근했어?

B 아니 . 일이 많아서 늦게 끝났어.

(2) A 졸업 후에 한국에서 일할 거야?

B ________. 고향에 돌아가서 취직할까 해.

(3) A 몸은 좀 괜찮아? 기침이 심해서 걱정했어.

B ________. 많이 나았어. 걱정해 줘서 고마워.

(4) A 이번 주 토요일에 시간 있어?

B ________. 특별한 일 없어. 왜? 무슨 일이 있어?

⊕ 더 알아보기 ❷ N아/야

p.124

1. 표를 완성해 보세요.

N	아	N	야
서준	서준아	지유	

2. 알맞은 것을 골라 ○표 해 보세요.

(1) A 현주(아, 야), 지금 어디 가?

B 친구랑 약속이 있어서 홍대에 가.

(2) A 수빈(아, 야), 어제 본 영화 어땠어?

B 영화가 너무 슬퍼서 많이 울었어.

(3) A 상진(아, 야), 오랜만이야. 그동안 잘 지냈어?

B 나는 잘 지내고 있어. 너는 어떻게 지내?

(4) A 건우(아, 야), 내일 같이 공부할까?

B 좋아. 내일 수업 후에 같이 도서관에 가서 공부하자.

듣기

1. 밑줄 친 부분의 알맞은 억양을 골라 보세요. 그리고 들어 보세요.

16

A 왜 이렇게 힘이 없어. <u>어디 아파?</u>

B 아니. 여자 친구 때문에 그래.

① 어디 아파? ↗ ② 어디 아파? ↘

2. 대화를 듣고 질문에 맞는 답을 골라 보세요.

17

(1) 들은 내용과 같은 것을 골라 보세요.

① 브루나는 친구들과 헤어지는 것이 슬퍼요. ② 제이슨은 친구들을 도와줄 수 있어서 기뻤어요.

(2) 지유는 왜 기분이 좋지 않았어요?

① 콘서트를 혼자 봐서 ② 친구가 교통사고가 나서

3. 대화를 듣고 글을 완성해 보세요.

18

리카는 감기에 걸려서 학교에 못 왔어요. 그렇지만 지금은 많이 나아서 내일은 학교에 갈 거예요. 리카는 부탁이 있어서 건우에게 전화했어요. 리카가 목요일과 금요일 이틀 동안 결석해서 집에서 혼자 공부했는데 (1) ____________________. 그래서 건우가 내일 수업 끝나고 (2) ____________________. 두 사람은 내일 수업 끝난 후에 같이 점심을 먹고 근처 카페에서 (3) ____________________. 점심은 리카가 살 거예요.

memo

말하기

1. 알맞은 것을 골라 써 보세요. 그리고 말해 보세요.

친구 때문에 그래	오늘은 그냥 집에 갈래	바퀴가 고장 나서 너무 짜증 나

샤오동 타나펀, 수업 끝나고 같이 점심 먹을래?

타나펀 미안해. (1) ________________________.

샤오동 그래? 그런데 왜 이렇게 힘이 없어? 어디 아파?

타나펀 아니. (2) ________________________.

샤오동 왜? 무슨 일이 있어?

타나펀 친구한테 여행 가방을 빌려줬는데 (3) ________________________.

샤오동 정말? 진짜 짜증 나겠네. 그래서 친구한테 말했어?

타나펀 아니. 아직 못 했어. 오늘 말해야 될 것 같아.

2. 리카와 브루나가 좋지 않은 일에 대해 이야기하고 있어요. 대화를 완성해 보세요.

1

• 무슨 일 | 있다?

• 회사 | 지원하다 → 떨어지다

리카 무슨 일이 있어?

브루나 (1) ________________________

____

2

• 괜찮다?

• 너무 힘들다 + 속상하다
• 나 | 진짜 가고 싶다 | 회사이다

리카 괜찮아?

브루나 (2) ________________________

____

____

3

• 너무 속상해하지 말다.
  다음 | 잘하면 되다
• 그런데 앞으로 어떻게 하다?

• 더 준비하다 → 내년 | 다시 지원하다

리카 너무 속상해하지 마. 다음에 잘하면 돼.
그런데 앞으로 어떻게 할 거야?

브루나 (3) ________________________

____

읽기

1. 다음을 읽어 보세요.

2. 다시 읽고 답해 보세요.

(1) ⓐ에 들어갈 말로 맞는 것을 골라 보세요.

① 축하해, 회사 취직을!

② 대학교 졸업 축하해!

③ 대학원 입학을 축하해!

(2) 내용과 다른 것을 골라 보세요.

① 타나펀은 대학교에 지원할 거예요.

② 샤오동의 축하 파티가 다음 주에 있을 거예요.

③ 브루나는 얼마 전에 취직해서 한턱을 내려고 해요.

쓰기

1. 다음은 다니엘이 제이슨에게 보내는 감사 이메일의 내용이에요. 다음을 보고 글을 완성해 보세요.

언제, 어떤 일이 있었습니까?	• 1급 마친 후 • 이사할 때 도와주다
어떻게 도와줬습니까?	• 이사하기 전: 인터넷으로 집 찾다, 부동산에 가다 • 이사할 때: 짐 옮겨 주다, 집 청소하다

New Message

보낸 사람: “다니엘”<Daniel@deutsch.com>

받는 사람: “제이슨”<Jason@ewha.edu.com>

제목: 안녕! 제이슨

제이슨에게

제이슨, 잘 지내고 있어? 나 다니엘이야. 이번 주에 갑자기 독일로 돌아가게 됐어. 인사 못하고 갈 것 같아서 이메일을 보내.

한국에서 생활하는 동안 많이 도와줘서 고마워. 특히

(언제, 어떤 일이 있었습니까?)

(어떻게 도와줬습니까?)

제이슨, 시간이 되면 독일에 한번 놀러 와. 그동안 건강하게 잘 지내고 또 연락할게. 잘 지내!

다니엘이

Send

부록

문법 설명

듣기 지문 및 정답

문법 설명

7 단원 쇼핑

1. V-을/ㄹ

의미

▶ **'-을/ㄹ'은 동사에 붙어 명사를 수식하게 하며 미래에 일어날 상황이나 행위에 대한 예정 등을 나타낼 때 사용해요.**

Ⓔ -을/ㄹ is attached to a verb, modifying the following noun to indicate future situations or actions.

Ⓙ 「-을/ㄹ」は動詞に付いて名詞を修飾し、未来に起きる出来事や行為についての予定などを表すときに使います。

Ⓒ "-을/ㄹ"接在动词后，修饰名词，表示将来要发生的情况或行为时使用。

㊥ 「-을/ㄹ」接在動詞後，用來修飾名詞，表示未來會發生的情況，或對行為的預定。

받침 ㅇ + 을　　예) 먹을
받침 ×, ㄹ + ㄹ　　예) 갈, 만들

유의

◆ **'-은/ㄴ, -는, -을/ㄹ'은 동사에 붙어 명사를 수식하게 해요. '-을/ㄹ'은 미래에 일어날 상황이나 행위에 대한 예정 등을 나타내는 반면 '-은/ㄴ'은 동작이나 행위가 과거에 일어났음을 나타내고 '-는'은 그 사건이나 행위가 현재 일어나고 있음을 나타낼 때 사용해요.**

Ⓔ -은/ㄴ, -는, -을/ㄹ are attached to verbs to modify nouns. -을/ㄹ indicates future situations or actions, while -은/ㄴ indicates past actions or events that occurred in the past. Additionally, -는 is used when the event or action is currently happening.

Ⓙ 「-은/ㄴ」、「-는」、「-을/ㄹ」はいずれも動詞に付いて名詞を修飾させます。「-을/ㄹ」は未来に起きる出来事や行為についての予定などを表し、「-은/ㄴ」は動作や行為が過去に起きたことを表します。また、「-는」はその出来事や行為が現在起きていることを表すときに使います。

Ⓒ "-은/ㄴ"、"-는"、"-을/ㄹ"用来修饰动词后面连接的名词。"-을/ㄹ"表示未来即将发生的情况或行为，而"-은/ㄴ"表示过去已发生的动作或行为，"-는"表示事件或行为现在正在发生。

㊥ 「-은/ㄴ」、「-는」、「-을/ㄹ」用來修飾動詞後面連接的名詞。「-을/ㄹ」表示未來即將發生的情況或行為，而「-은/ㄴ」表示過去已發生的動作或行為，「-는」表示事件或行為現在正在發生。

* Ⓒ 중국어간체판 ㊥ 중국어번체판

- 어제 먹**은** 과일이 정말 맛있었어요.
- 제가 매일 먹**는** 과일은 사과예요.
- 내일 먹**을** 과일을 사러 마트에 가요.

2. V-은 지/ㄴ 지

의미

▶ **'-은 지/ㄴ지'는 동사에 붙어 어떤 일을 한 후 시간이 얼마 지났다는 것을 나타낼 때 사용해요.**

Ⓔ -은 지/ㄴ 지 is attached to a verb to indicate that time has passed after an action has been take.

Ⓙ 「-은 지/ㄴ 지」は動詞に付いて、ある行為をしてからどのくらいか時間が経過したことを表すときに使います。

Ⓒ "-은 지/ㄴ 지"接在动词后，表示做某事后经过了多长时间时使用。

Ⓣ 「-은 지/ㄴ 지」接在動詞後，用於表示做某事後經過了多長時間。

받침 ㅇ + 은 지 예) 먹**은 지**
받침 ×, ㄹ + ㄴ 지 예) 간 **지**, 만든 **지**

유의

◆ **'-은 지/ㄴ 지 N이/가 되다'의 구성으로 주로 사용해요. 기간을 나타내는 명사 뒤에 붙는 조사 '이/가'는 생략되기도 해요.**

Ⓔ -은 지/ㄴ지 is usually used in the construction of -은 지/ㄴ 지 N이/가 되다. The particle 이/가, which is attached to nouns indicating duration, is sometimes omitted.

Ⓙ 主に「-은 지/ㄴ 지 N이/가 되다」という構成で使われます。期間を表す名詞の後に付く助詞「이/가」は省略されることもあります。

Ⓒ 主要使用"-은 지/ㄴ 지 N이/가 되다"的句型。在表示期间的名词后面连接的助词"이/가"可以省略。

Ⓣ 主要使用「-은 지/ㄴ 지 N이/가 되다」的句型。在表示期間的名詞後面連接的助詞「이/가」可以省略。

- 한국에 온 **지 1년이 됐어요**.
  = 한국에 온 **지 1년 됐어요**.

◆ **이미 시간이 경과되었다는 의미로 사용될 때는 '되다' 대신에 '지나다, 넘다' 등의 동사를 사용해요.**

Ⓔ When indicating that time has already passed, verbs such as 지나다 and 넘다 are used instead of 되다.

Ⓙ すでに経過した時間を表すときは、「되다」の代わりに「지나다、넘다」などの動詞が使われます。

中 用于表示已经经过了多久时间的意义时，可将“되다”替换成“지나다”、“넘다”等动词使用。

⑭ 用於表示已經經過了多久時間的意義時，可將「되다」替換成「지나다」、「넘다」等動詞使用。

- 자려고 누운 **지** 2시간 **지났어요**.
- 카페 문을 연 **지** 5개월 **넘었어요**.

◆ **부정형은 '-지 않은 지', '안 -은 지/ㄴ 지'로 써요. '안 -은 지/ㄴ 지'는 주로 구어에서 써요.**

E The negative form of -은 지/ㄴ 지 is 안 -은 지/ㄴ 지. This construction is commonly used in spoken language.

日 否定表現は「-지 않은 지」、「안 -은 지/ㄴ 지」で、「안 -은 지/ㄴ 지」は主に話し言葉で使われます。

中 否定型为“-지 않은 지”、“안 -은 지/ㄴ 지”。“안 -은 지/ㄴ 지”主要用于口语。

⑭ 否定型為「-지 않은 지」、「안 -은 지/ㄴ 지」。「안 -은 지/ㄴ 지」主要用於口語。

- 운동을 하**지 않은 지** 한 달이 됐어요.
  = 운동을 **안** 한 **지** 한 달이 됐어요.

◆ **뒤 절에 정확하게 경과한 시간 표현 대신 '-은 지/ㄴ 지 얼마 안 되다', '-은 지/ㄴ 지 오래되다' 등의 표현을 사용하기도 해요.**

E Expressions like -은 지/ㄴ 지 얼마 안 되다, -은 지/ㄴ 지 오래되다 are often used in the following clause instead of expressions that specify the elapsed time.

日 後ろの節で、経過した正確な時間を表す代わりに「-은 지/ㄴ 지 얼마 안 되다」、「-은 지/ㄴ 지 오래되다」などの表現が使われたりします。

中 想在后半句明确地表达经过的时间时，也可以使用“-은 지/ㄴ 지 얼마 안 되다”、“-은 지/ㄴ 지 오래 되다”等表达方式。

⑭ 想在後子句明確地表現經過的時間時，也可以使用「-은 지/ㄴ 지 얼마 안 되다」、「-은 지/ㄴ 지 오래 되다」等表現方式。

- 요가를 배운 **지 얼마 안 됐어요**.
- 운전을 한 **지 오래됐어요**.

3. A-은 것 같다/ㄴ 것 같다
V-은 것 같다/ㄴ 것 같다, -는 것 같다, -을 것 같다/ㄹ 것 같다

의미

▶ **형용사, '이다'에 붙어 '-은 것 같다/ㄴ 것 같다'는 어떤 일의 현재 상태를 추측할 때 사용해요. 동사에 붙어 '-은 것 같다/ㄴ 것 같다'는 과거에 일어난 일, '-는 것 같다'는 현재 일어나거나 반복적으로 일어나는 일, '-을 것 같다/ㄹ 것 같다'는 미래에 일어날 일을 추측할 때 사용해요.**

Ⓔ -은 것 같다/ㄴ 것 같다 is attached to an adjective and 이다 to guess the current state of something. -은 것 같다/ㄴ 것 같다 is attached to a verbs to indicate the past action and -는 것 같다 is used to express the current or repeated actions. -을 것 같다/ㄹ 것 같다 is used to predict future actions.

Ⓙ 「-은 것 같다/ㄴ 것 같다」は形容詞、「이다」に付いて、ある出来事の現在の状態を推測するときに使います。動詞に付く「-은 것 같다/ㄴ 것 같다」は過去に起きたことを、「-는 것 같다」は現在起きていることや繰り返し起きることを、「-을 것 같다/ㄹ 것 같다」は未来に起きることを推測するときに使います。

Ⓒ 形容词，"이다"与"-은 것 같다/ㄴ 것 같다"相接，表示对某事现在状态的推测时使用。动词与"-은 것 같다/ㄴ 것 같다"相接，表示过去所发生的事，"-는 것 같다"表示现在或反复发生的事，"-을 것 같다/ㄹ 것 같다"表示对推测将来要发生的事时使用。

㊥ 形容詞、「이다」與「-은 것 같다/ㄴ 것 같다」相接時，用於表示對某事現在狀態的推測。動詞與「-은 것 같다/ㄴ 것 같다」相接時，表示過去所發生的事；與「-는 것 같다」相接時，表示現在或反覆發生的事；與「-을 것 같다/ㄹ 것 같다」相接時，則表示推測將來要發生的事。

구분		현재	구분		과거	현재	미래
형용사	받침 ○	+ 은 것 같다	동사	받침 ○	+ 은 것 같다	+ 는 것 같다	+ 을 것 같다
	받침 ×, ㄹ	+ ㄴ 것 같다		받침 ×, ㄹ	+ ㄴ 것 같다		+ ㄹ 것 같다

예)

구분	현재	구분	과거	현재	미래
형용사	작**은 것 같다** 예쁜 **것 같다** 힘든 **것 같다**	동사	먹**은 것 같다** 간 **것 같다** 만든 **것 같다**	먹**는 것 같다** 가**는 것 같다** 만드**는 것 같다**	먹**을 것 같다** 갈 **것 같다** 만들 **것 같다**

유의

◆ **부정형은 '-지 않다', '안'과 함께 써요. '안'은 주로 구어에서 써요.**

Ⓔ Negative forms are used with -지 않다 and 안. 안 is often used in spoken language.

Ⓙ 否定表現は「-지 않다」や「안」とともに表し、「안」は主に話し言葉で使われます。

㊥ 否定句与"-지 않다"、"안"一起使用。"안"主要用于口语。

㊥ 否定句與「-지 않다」、「안」一起使用。「안」主要用於口語。

- 올가가 오늘 기분이 **안 좋은 것 같아요**.
  올가가 오늘 기분이 좋**지 않은 것 같아요**.
  올가가 오늘 기분이 좋**은 것 같지 않아요**.

◆ **사실이나 생각에 대해 간접적으로 부드럽게 표현하기 위해 사용하기도 해요.**

Ⓔ It is also used to express facts or opinions in an indirect and gentle way.

㊐ 事実や考えを言うとき、間接的に柔らかく表現するために使われたりします。

㊥ 也可以用在委婉且间接地表达事实或想法时。

㊥ 也可以用在溫和且間接地表現事實或想法時。

- A 주말에 같이 식사할까요?
  B 죄송해요. 주말에 약속이 있어서 안 될 **것 같아요**.

4. A/V-을까요?/ㄹ까요?

의미

▶ **'-을까요?/ㄹ까요?'는 형용사, 동사에 붙어 추측하며 질문할 때 사용해요.**

Ⓔ -을까요?/ㄹ까요? is attached to an adjective or a verb and used to form interrogative sentences for making guesses.

㊐ 「-을까요?/ㄹ까요?」は形容詞、動詞に付いて、推測しながら質問をするときに使います。

㊥ "-을까요?/ㄹ까요?"接在形容词和动词后，表示推测问题时使用。

㊥ 「-을까요?/ㄹ까요?」接在形容詞和動詞後，用於推測並提出問題時。

받침 ㅇ + 을까요? 예) 작**을까요?**
받침 ×, ㄹ + ㄹ까요? 예) 갈**까요?**, 만들**까요?**

유의

◆ **과거는 '-았/었-'과 같이 써요.**

Ⓔ The past tense of A/V-을까요?/ㄹ까요? is formed by inserting '-았/었-.'

㊐ 過去を表すときは「-았/었-」とともに使われます。

㊥ 可以和过去式的“-았/었-”一起使用。

㊥ 可以和過去式的「-았/었-」一起使用。

- A 레아가 어제 집에 잘 **갔을까요**?
  B 네. 집에 잘 간 것 같아요.

◆ **추측의 의미를 나타내므로, 대답은 주로 '-을 것 같다/ㄹ 것 같다' 등을 사용해요.**

Ⓔ -을까요?/ㄹ까요? indicates speculation, so the responses usually include expressions like -을 것 같다/ㄹ 것 같다.

㊐ 推測の意味を表すことから、答えるときは主に「-을 것 같다/ㄹ 것 같다」などが使われます。

㊥ 因为具有推测的意义，所以回答时主要使用“-을 것 같다/ㄹ 것 같다”。

㊥ 因為具有推測的意義，所以回答時主要使用「-을 것 같다/ㄹ 것 같다」。

- A 내일 신촌에 사람이 많**을까요**?
  B 주말이라서 사람이 많**을 것 같아요**.

5. A-을 것 같다/ㄹ 것 같다 N일 것 같다

의미

▶ **'-을 것 같다/ㄹ 것 같다'는 형용사에, '일 것 같다'는 명사에 붙어 아직 경험하지 않거나 확인하지 않은 상태를 추측할 때 사용해요.**

Ⓔ -을 것 같다/ㄹ 것 같다 is attached to an adjective and 일 것 같다 is attached to a noun to speculate a state that has not been experienced or confirmed yet.

㊐ 「-을 것 같다/ㄹ 것 같다」は形容詞に、「일 것 같다」は名詞に付いて、まだ経験していないことや確認していないことについて推測するときに使います。

㊥ “-을 것 같다/ㄹ 것 같다”与形容词相接，“일 것 같다”与名词相接，表示还未经历某事或是推测不确定某事的状态时使用。

㊥ 「-을 것 같다/ㄹ 것 같다」與形容詞相接，「일 것 같다」與名詞相接，用於表示還未經歷某事或是對不確定的狀態做推測時。

형용사 받침 ㅇ + 을 것 같다	예) 작**을 것 같다**
받침 ×, ㄹ + ㄹ 것 같다	예) 예쁠 **것 같다**, 힘들 **것 같다**

명사 받침 ○ + 일 것 같다　　예) 선생님**일 것 같다**
받침 × + 일 것 같다　　예) 가수**일 것 같다**

유의

◆ **'-을 것 같다'와 '-은 것 같다'의 의미는 확신의 정도에 따라 달라요. '-을 것 같다'는 확신이 없이 간접적인 근거로 미루어 추측한 내용을 말할 때 쓰기도 하지만 '-은 것 같다'는 직접적인 근거를 바탕으로 한 생각을 말할 때 써요.**

Ⓔ The meanings of -을 것 같다 and -은 것 같다 vary in the degree of certainty. -을 것 같다 is also used when speculating based on indirect evidence without certainty, whereas -은 것 같다 expresses thoughts based on direct evidence.

㊐ 「-을 것 같다」と「-은 것 같다」の意味は確信の程度によって異なります。「-을 것 같다」は確信がなく間接的な根拠から推測したことを言うときに使い、「-은 것 같다」は直接的な根拠に基づいた考えを言うときに使います。

㊥ "-을 것 같다"与"-은 것 같다"的意义，依照确定的程度有所不同。"-을 것 같다"用在表示不确定、以间接性的根据述说推测的内容时，但"-은 것 같다"用在有直接性根据的基础之下来述说想法时。

㊥ 「-을 것 같다」與「-은 것 같다」的意義，依照確定的程度有所不同。「-을 것 같다」用在表示不確定、以間接性的根據述說推測的內容時，但「-은 것 같다」用在有直接性根據的基礎之下來述說想法時。

- A　샤오동이 바쁠까요?
  B　저도 잘 모르겠지만 시험 기간이니까 바쁠 **것 같아요**.

- A　샤오동이 바쁠까요?
  B　오늘 여러 번 전화했는데 받지 않았어요. 바쁜 **것 같아요**.

8 단원 초대와 방문

1. V-기로 하다

의미

▶ **'-기로 하다'는 동사에 붙어 어떤 행위에 대하여 그렇게 할 것을 계획하거나 결정함을 나타내요. 상대에게 제안하거나 약속을 할 때 또는 자신의 결심이나 결정을 이야기할 때 사용해요.**

Ⓔ -기로 하다 is attached to a verb to indicate a plan or decision to do something. It is also used to make suggestions or promises to another person.

㊐ 「-기로 하다」は動詞に付いて、ある行為を計画したり決定したりすることを表します。相手に提案するとき、相手と約束するとき、あるいは自身の決心や決定を話すときに使います。

㊥ "-기로 하다"接在动词后，表示对某种行为打算那样做的计划或决定。对对方的提议、约定时或者说自己的决心或决定时使用。

㊥ 「-기로 하다」接在動詞後，表示對某種行為打算如何做的計劃或決定。用於向對方提議或約定時、或是述說自己的決心或決定時。

받침 ○ + 기로 하다　　예) 먹**기로 하다**
받침 × + 기로 하다　　예) 가**기로 하다**

유의

◆ **부정형은 '-지 않기로 하다', '안 -기로 하다'로 써요. '안 -기로 하다'는 주로 구어에서 써요.**

Ⓔ The negative form of -기로 하다 is -지 않기로 하다 and 안 -기로 하다. 안 -기로 하다 is often used in spoken language.

㊐ 否定表現は「-지 않기로 하다」、「안 -기로 하다」で、「안 -기로 하다」は主に話し言葉で使われます。

㊥ 否定型为"-지 않기로 하다"、"안 -기로 하다"。"안 -기로 하다"主要用于口语。

㊥ 否定型為「-지 않기로 하다」、「안 -기로 하다」。「안 -기로 하다」主要用於口語。

- 주말에 친구와 영화 보**지 않기로 했어요**.
- 주말에 친구와 영화 **안** 보**기로 했어요**.

◆ **'-기로 하다'는 지금 말하는 현장에서의 계획이나 결정을 나타내요. '-기로 했다'는 이미 한 계획이나 결정을 나타내요.**

Ⓔ -기로 하다 indicates a plan or decision made in the present conversation. -기로 했다 indicates a plan or decision that has already been made.

㊐ 「-기로 하다」は今話している場所での計画や決定を表し、「-기로 했다」はすでに計画したことや決定したことを表します。

㊥ "-기로 하다"表示现在在说话现场的计划或是决定。"-기로 했다"表示已经定下的计划或决定。

㊥ 「-기로 하다」表示現在在說話現場的計劃或是決定。「-기로 했다」表示已經定下的計劃或決定。

- 레아 씨, 우리 내일 영화를 보**기로 해요**. (말할 때 하는 계획)
- 내일 레아 씨와 영화를 보**기로 했어요**. (말하기 전에 한 계획)

◆ **'-기로 하다'에서 '하다' 대신에 '약속하다'를 쓸 수도 있어요.**

Ⓔ The 하다 in -기로 하다 can be replaced with 약속하다.

日 「-기로 하다」の「하다」の代わりに「약속하다」を使うこともできます。

中 "-기로 하다"中的"하다", 也可以替换成"약속하다"。

㊥ 「-기로 하다」中的「하다」, 也可以替換成「약속하다」。

- 내일 만나**기로 약속했어요**.
- 오늘 오후에 오**기로 약속했어요**.

2. A/V-거나

의미

▶ **'-거나'는 형용사, 동사에 붙어 둘 이상의 행위나 사실 중 하나를 선택함을 나타내요. 두 가지 이상의 행동이나 상태를 나란히 나열하고 그 가운데 하나를 선택할 때 사용해요.**

E -거나 is attached to an adjective or a verb to list two or more actions or states and selecting one among them.

日 「-거나」は形容詞、動詞に付いて、2つ以上の行為や事実のうち1つを選ぶことを表します。2つ以上の行動や状態を羅列してそのうちの1つを選ぶときに使われます。

中 "-거나"接在形容词、动词后, 表示在两个以上的行为或事实中选择一个。在两个以上的行动或状态并列出现选择其中一个的时候使用。

㊥ 「-거나」接在形容詞、動詞後, 表示在兩個以上的行為或事實中選擇一個。用於在兩個以上的行動或狀態並列出現時, 選擇其中一個的時候。

받침 ○ + 거나 예) 먹**거나**
받침 × + 거나 예) 가**거나**

유의

◆ **과거는 '-았거나/었거나'로 쓰고 현재와 미래는 모두 '-거나'로 써요.**

E The past form is -았거나/었거나, and both the present and future forms are -거나.

日 過去形は「-았거나/었거나」で、現在形と未来形はどちらも「-거나」と表します。

中 过去式使用"-았거나/었거나", 现在式和未来式都使用"-거나"。

㊥ 過去式使用「-았거나/었거나」, 現在式和未來式都使用「-거나」。

- 동생은 김밥을 먹**었거나** 불고기를 먹었을 거예요.
- 내일 백화점에 가**거나** 마트에 갈 거예요.

◆ **보통은 두 가지 다른 내용을 연결할 때 사용하지만 세 가지 이상의 내용을 연결해서 사용할 수 있어요.**

Ⓔ -거나 is usually used to connect two different pieces of content, but it can also be used to connect three or more.

Ⓙ 普通、2つの異なる事柄を接続するときに使いますが、3つ以上の事柄を接続して使うこともできます。

Ⓒ 通常使用在连接两个不同的内容时，但是也可以用于连接三个以上的内容时。

Ⓣ 通常使用在連接兩個不同的內容時，但是也可以用於連接三個以上的內容時。

- 주말에 운동하**거나** 텔레비전을 보**거나** 친구를 만나요.
- 학교에서 가깝**거나** 월세가 싸**거나** 주변에 편의시설이 많은 집을 찾고 있어요.

3. A/V-으니까/니까

의미

▶ **'-으니까/니까'는 형용사, 동사, '이다'에 붙어 앞 절이 뒤 절에 대한 이유나 원인, 판단의 근거임을 나타낼 때 사용해요.**

Ⓔ -으니까/니까 is attached to an adjective, a verb or 이다 to indicate that the previous clause is the reason or grounds for the following clause.

Ⓙ 「-으니까/니까」は形容詞、動詞、「이다」に付いて、前の節が後ろの節の理由や原因、判断の根拠となることを表すときに使います。

Ⓒ "-으니까/니까"接在形容词、动词和"이다"后，表示前一句是后一句的理由、原因、判断的根据时使用。

Ⓣ 「-으니까/니까」接在形容詞、動詞和「이다」後，表示前句子是後句子的理由、原因、判斷的根據。

받침 ○ + 으니까　　예) 먹**으니까**
받침 ×, ㄹ + 니까　　예) 가**니까**, 사**니까**

유의

◆ **'-으니까/니까'와 '-아서/어서'는 모두 이유나 원인을 나타낼 때 사용하지만 아래와 같은 차이가 있어요.**

Ⓔ Both -으니까/니까 and -아서/어서 indicate a reason or a cause, but they have the following differences.

Ⓙ 「-으니까/니까」と「-아서/어서」はどちらも理由や原因を表すときに使いますが、以下のような違いがあります。

Ⓒ "-으니까/니까"与"-아서/어서"都 用于表示理由或原因，但是有以下差异。

Ⓣ 「-으니까/니까」與「-아서/어서」都是用於表示理由或原因時，但是有以下的差異。

-으니까/니까	-아서/어서
뒤 절에 평서문, 의문문, 청유문, 명령문을 사용할 수 있어요. Ⓔ Declarative sentences, interrogative sentences, requests, and imperatives can be used in the following clause. (日) 後ろの節で平叙文、疑問文、勧誘文、命令文を使うことができます。 (中) 后半句可以使用叙述句、疑问句、共动句和命令句。 (中) 後子句可以使用敘述句、疑問句、共動句和命令句。 • 시간이 없**으니까** 택시를 **탔어요**. (○) • 시간이 없**으니까** 우리 빨리 **가요**. (○) • 시간이 없**으니까** 빨리 **가세요**. (○)	**뒤 절에 청유문과 명령문을 사용할 수 없어요.** Ⓔ Requests and imperatives cannot be used in the following clause. (日) 後ろの節で勧誘文と命令文を使うことができません。 (中) 后半句不可以使用共动句和命令句。 (中) 後子句不可以使用共動句和命令句。 • 시간이 없**어서** 택시를 **탔어요**. (○) • 시간이 없어서 우리 빨리 가요. (×) • 시간이 없어서 빨리 가세요. (×)
'-았/었-'과 같이 사용할 수 있어요. Ⓔ Can be used with -았/었-. (日) 「-았/었-」とともに使うことができます。 (中) 可以和"-았/었-"一起使用。 (中) 可以和「-았/었-」一起使用。 • 떡볶이가 매**웠으니까** 먹지 못했어요. (○)	**'-았/었-'과 같이 사용할 수 없어요.** Ⓔ Cannot be used with -았/었-. (日) 「-았/었-」とともに使うことができません。 (中) 不可以和"-았/었-"一起使用。 (中) 不可以和「-았/었-」一起使用。 • 떡볶이가 매**워서** 먹지 못했어요. (○) • 떡볶이가 매웠어서 먹지 못했어요. (×)

◆ **'-으니까/니까'는 '-으니/니'의 형태로 줄여 사용할 수 있어요. '-으니/니'는 문어나 격식적인 상황에서 자주 사용돼요.**

Ⓔ -으니까/니까 can be shortened to -으니/니. -으니/니 is usually used in written language or formal situations.

(日) 「-으니까/니까」は「-으니/니」の形に縮約して使うことができます。「-으니/니」は書き言葉や礼儀や格式が重んじられる公式的な場面でよく使われます。

(中) "-으니까/니까"可以缩略为"-으니/니"。"-으니/니"在书面语或正式场合中经常使用。

(中) 「-으니까/니까」可以略縮為「-으니/니」。「-으니/니」在書面語或正式場合中經常使用。

- 모두 모이셨**으니** 회의를 시작하겠습니다.
- 영화가 곧 시작하**니** 휴대 전화를 꺼 주세요.

4. N이나/나

의미

▶ **'이나/나'는 명사에 붙어 두 가지 이상을 나열하여 그중에 어떤 것을 선택함을 나타낼 때 사용해요.**

Ⓔ 이나/나 is attached to a noun to list two or more things and indicate a choice among them.

Ⓙ 「이나/나」は名詞に付いて、2つ以上のことを羅列し、そのうちの1つを選ぶときに使います。

Ⓒ "이나/나"接在名词后，表示两个以上事物并列出现，选择其中哪个时使用。

Ⓣ 「이나/나」接在名詞後，表示兩個以上事物並列出現，在其中選擇某個時使用。

받침 ○ + 이나　　예) 김밥**이나**
받침 × + 나　　예) 주스**나**

유의

◆ **'이나/나'는 다른 조사와 함께 쓸 수 없어요.**

Ⓔ 이나/나 cannot be used with other particles.

Ⓙ 「이나/나」は他の助詞とともに使うことはできません。

Ⓒ "이나/나"不可以和其他助词一起使用。

Ⓣ 「이나/나」不可以和其他助詞一起使用。

- 샤니**나** 제이슨이 선물을 준비할 거예요. (○)
  샤니가나 제이슨이 선물을 준비할 거예요. (×)

- 저는 아침에 보통 사과**나** 바나나를 먹어요. (○)
  저는 아침에 보통 사과를이나 바나나를 먹어요. (×)

◆ **선택의 의미를 나타내는 '이나/나'는 '또는'과 의미가 같아요. '이나/나'는 말할 때나 글을 쓸 때 모두 쓰지만 '또는'은 주로 글을 쓸 때 써요.**

Ⓔ 이나/나, which indicates choice, is same in meaning with 또는. 이나/나 is used in both spoken and written language, whereas 또는 is usually used in written language.

Ⓙ 選択の意味を表す「이나/나」は「또는」と同じ意味です。「이나/나」は話し言葉でも書き言葉でも使われますが、「또는」は主に書き言葉で使われます。

Ⓒ "이나/나"和"또는"一样表示选择的意思。"이나/나"在说话或是写文章时都可以使用，但"또는"主要用于写文章时。

Ⓣ 「이나/나」和「또는」一樣表示選擇的意思。「이나/나」在說話或是寫文章時都可以使用，但「또는」主要用於寫文章時。

- 휴가에는 가족들과 같이 산**이나** 바다로 여행을 갈 거예요.
- 휴가에는 가족들과 같이 산 **또는** 바다로 여행을 갈 겁니다.

9 단원 건강

1. V-아서/어서

의미

▶ **'-아서/어서'는 동사에 붙어 앞 절과 뒤 절의 동작이 밀접한 관계를 가지고 순차적으로 일어남을 나타낼 때 사용해요.**

Ⓔ -아서/어서 is attached to a verb to indicate a close relationship between the actions of the preceding clause and the following clause, occurring sequentially.

㊐ 「-아서/어서」は動詞に付いて、前の節と後ろの節の動作に密接な関係があり、その動作が順を追って起こることを表すときに使います。

㊥ "-아서/어서"接在动词后，表示前后两句有着紧密的关系按顺序出现时使用。

㊥ 「-아서/어서」接在動詞後，表示前後兩句的動作有著緊密的關係，且按時間順序出現。

'ㅏ, ㅗ' 모음 + 아서 예) 찾**아서**
'ㅏ, ㅗ' 외의 모음 + 어서 예) 읽**어서**

유의

◆ **앞 절과 뒤 절의 주어가 같아야 하는데 뒤 절의 주어는 생략돼요.**

Ⓔ The subjects of the first and second clause should be the same, and the subject of the second clause is omitted.

㊐ 前の節と後ろの節は同じ主語でなければならず、後ろの節の主語は省略されます。

㊥ 前半句和后半句的主语必须一样，且后半句的主语可省略。

㊥ 前子句和後子句的主語必須一樣，且後子句的主語可省略。

- 나는 어제 한국 음식을 만들**어서** 먹었어요. (○)
  나는 어제 한국 음식을 만들어서 동생이 먹었어요. (×)

◆ **'-았/었-', '-겠-'과 같이 사용할 수 없어요.**

Ⓔ -아서/어서 cannot be used with -았/었- and -겠-.

㊐ 「-았/었-」、「-겠-」とともに使うことはできません。

㊥ 不可以和"-았/었-"、"-겠-"一起使用。

㊥ 不可以和「-았/었-」、「-겠-」一起使用。

- 저는 침대에 누**워서** 텔레비전을 봤어요. (○)
  저는 침대에 누웠어서 텔레비전을 봤어요. (×)

- 이메일을 **써서** 친구에게 보낼 거예요. (○)
  이메일을 쓰겠어서 친구에게 보낼 거예요. (×)

◆ **'-아서/어서'는 '-아/어'의 형태로 줄여 사용할 수 있어요.**

Ⓔ -아서/어서 can be shortened to -아/어.

㊐ 「-아서/어서」は「아/어」の形に縮約して使うことができます。

㊥ "-아서/어서"可以缩略为"-아/어"。

㊥ 「-아서/어서」可以略縮為「-아/어」。

- 저는 돈을 모**아서** 해외여행을 갈 거예요.
  = 저는 돈을 모**아** 해외여행을 갈 거예요.

◆ **'-아서/어서'와 '-고'는 모두 시간적 순서를 나타낼 때 사용하지만 아래와 같은 차이가 있어요.**

Ⓔ Both -아서/어서 and -고 indicate chronological order, but they have the following differences.

㊐ 「-아서/어서」と「-고」はどちらも時間的順序を表すときに使いますが、以下のような違いがあります。

㊥ "-아서/어서"和"-고"都使用于表示时间上的顺序，但是有以下差异。

㊥ 「-아서/어서」和「-고」都使用在表示時間性的順序時，但是有以下的差異。

-아서/어서	-고
두 행동이 밀접한 관련이 있을 때 사용해요. Ⓔ Is used when the two actions are closely related. Ⓙ 2つの行動が密接に関連しているときに使います。 Ⓒ 用于两个行动有密切关联时。 Ⓒ 用於兩個行動有密切關聯時。 • 고향 친구를 만나**서** 영화를 봤어요. (고향 친구를 만났고 그 친구와 함께 영화를 봤어요.)	**단순히 행동의 시간적 순서만 나타내요.** Ⓔ Simply indicates the chronological order of actions. Ⓙ 単に行動の時間的順序のみを表します。 Ⓒ 单纯表示时间的顺序。 Ⓒ 單純表示時間的順序。 • 고향 친구를 만나**고** 영화를 봤어요. (고향 친구를 만났지만 그 친구와 함께 영화를 안 봤어요.)
교통수단을 이용한 이동을 나타내는 동사에 사용할 수 없어요. Ⓔ Cannot be used with verbs indicating movement through transportation. Ⓙ 交通手段を用いた移動を表す動詞とともに使うことができません。 Ⓒ 不能用在利用交通工具移动的动词后。 Ⓒ 不能用在利用交通工具移動的動詞。 • 저는 버스를 타서 학교에 가요. (×)	**교통수단을 이용한 이동을 나타내는 동사에 사용할 수 있어요.** Ⓔ Can be used with verbs indicating movement through transportation. Ⓙ 交通手段を用いた移動を表す動詞とともに使うことができます。 Ⓒ 可以用在利用交通工具移动的动词后。 Ⓒ 可以用在利用交通工具移動的動詞。 • 저는 버스를 타**고** 학교에 가요. (○)
옷, 신발 등 신체와 관계된 동사에 사용할 수 없어요. Ⓔ Cannot be used with verbs related to clothing, shoes, and other body-related matters Ⓙ (服を)着る、(靴を)はくなど身体と関連する動詞とともに使うことができません。 Ⓒ 不能用在与衣服、鞋子等和身体相关的动词后。 Ⓒ 不能用在與衣服、鞋子等和身體關聯的動詞。 • 여름에는 모자를 써서 외출해요. (×) • 운동할 때는 운동화를 신어서 오세요. (×)	**옷, 신발 등 신체와 관계된 동사에 사용할 수 있어요.** Ⓔ Can be used with verbs related to the body such as clothing and shoes. Ⓙ (服を)着る、(靴を)はくなど身体と関連する動詞とともに使うことができます。 Ⓒ 可以用在与衣服、鞋子等和身体相关的动词后。 Ⓒ 可以用在與衣服、鞋子等和身體關聯的動詞。 • 여름에는 모자를 쓰**고** 외출해요. (○) • 운동할 때는 운동화를 신**고** 오세요. (○)

2. A/V-게

의미

▶ **'-게'는 형용사, 동사에 붙어 뒤의 행위에 대한 목적이나 결과를 나타낼 때 사용해요.**

Ⓔ -게 is attached to an adjective or a verb to indicate the purpose or result of an action.

Ⓙ 「-게」は形容詞、動詞に付いて、後ろの行為についての目的や結果を表すときに使います。

Ⓒ "-게"接在形容词、动词后，用于表示做后面行为的目的或结果。

Ⓣ 「-게」接在形容詞、動詞後，用於表示做後面行為的目的或結果。

받침 ○ + 게　　예) 작**게**
받침 × + 게　　예) 가**게**

유의

◆ **'-았/었-', '-겠-'과 같이 사용할 수 없어요.**

Ⓔ -게 cannot be used with -았/었- and -겠-.

Ⓙ 「-았/었-」、「-겠-」とともに使うことはできません。

Ⓒ 不可以和"-았/었-"、"-겠-"一起使用。

Ⓣ 不可以和「-았/었-」、「-겠-」一起使用。

- 모든 사람들이 들을 수 있**게** 큰 소리로 노래를 불렀어요. (○)
  모든 사람들이 들을 수 있었게 큰 소리로 노래를 불렀어요. (×)

- 친구에게 선물하**게** 이 옷을 포장해 주세요. (○)
  친구에게 선물하겠게 이 옷을 포장해 주세요. (×)

◆ **부정형은 '-지 않게, '안 -게'로 써요. '안 -게'는 주로 구어에서 써요.**

Ⓔ The negative form of -게 is -지 않게 and 안 -게. 안 -게 is often used in spoken language.

Ⓙ 否定表現は「-지 않게」、「안 -게」で、「안 -게」は主に話し言葉で使われます。

Ⓒ 否定型为"-지 않게"、"안 -게"。"안 -게"主要用于口语。

Ⓣ 否定型為「-지 않게」、「안 -게」。「안 -게」主要用於口語。

- 영화를 보는 동안 방해가 되**지 않게** 휴대 전화를 껐어요.
  = 영화를 보는 동안 방해가 **안** 되**게** 휴대 전화를 껐어요.

- 외출할 때는 춥**지 않게** 모자를 쓰세요.
  = 외출할 때는 **안** 춥**게** 모자를 쓰세요.

3. V-기 전(에)

의미

▶ **'-기 전(에)'는 동사에 붙어 뒤의 행동이 앞의 행동보다 먼저 일어남을 나타낼 때 사용해요.**

Ⓔ -기 전(에) is attached to a verb to indicate that the action following it happens before the action in front of it.

㊐ 「-기 전(에)」は動詞に付いて後ろの位置にある動作が前の位置にある動作より先に起こることを表すときに使います。

㊥ "-기 전(에)"接在动词后，表示后面行动比前面行动更早出现。

㊥ 「-기 전(에)」接在動詞後，表示後面行動比前面行動更早出現。

받침 ○ + 기 전(에)　　예) 먹**기 전(에)**
받침 × + 기 전(에)　　예) 가**기 전(에)**

유의

◆ **'-았/었-', '-겠-'과 같이 사용할 수 없어요.**

Ⓔ -기 전(에) cannot be used with -았/었- and -겠-.

㊐ 「-았/었-」、「-겠-」とともに使うことはできません。

㊥ 不可以和"-았/었-"、"-겠-"一起使用。

㊥ 不可以和「-았/었-」、「-겠-」一起使用。

- 친구와 만나**기 전에** 텔레비전을 봤어요. (○)
  친구와 만났기 전에 텔레비전을 봤어요. (×)
- 회의를 시작하**기 전에** 커피를 마셨어요. (○)
  회의를 시작하겠기 전에 커피를 마셨어요. (×)

◆ **명사는 'N 전에'로 써요. 보통 시간의 뜻을 나타내는 명사와 함께 사용할 수 있어요.**

Ⓔ Nouns are used in the form of N 전에, which is usually used with nouns that indicate time.

㊐ 名詞の場合は「N 전에」と表し、普通、時間を意味する名詞とともに使われます。

㊥ 与名词连接时写成"N 전에"，通常和表示时间的名词一起使用。

㊥ 與名詞連接時寫成「N 전에」，通常和表示時間的名詞一起使用。

- 출근 **전에** 뉴스를 봐요.
- 9시 **전에** 학교에 도착해야 해요.

4. ㅅ 불규칙

의미

▶ **'ㅅ' 받침을 가진 동사 중 '낫다, 붓다, 짓다, 젓다' 등은 모음으로 시작하는 어미를 만나면 받침 'ㅅ'이 탈락돼요.**

Ⓔ The final consonant ㅅ in the stems of some verbs such as 낫다, 붓다, 짓다, 젓다 is dropped when followed by a vowel.

Ⓙ 「ㅅ」パッチムを持つ動詞のうち「낫다、붓다、짓다、젓다」などは母音で始まる語尾とつながると「ㅅ」が脱落します。

Ⓒ 以"ㅅ"为收音的动词中"낫다、붓다、짓다、젓다"等遇到以元音为开始的语尾，收音 "ㅅ"要脱落。

㊥ 以「ㅅ」為收音的動詞「낫다、붓다、짓다、젓다」等，遇到以母音為起始的語尾時，收音「ㅅ」要脫落。

낫다 + 아요　　예) **나아**요
짓다 + 어요　　예) **지어**요

유의

▶ **'씻다, 웃다' 등과 같은 동사는 모음 앞에서 'ㅅ'이 탈락되지 않아요.**

Ⓔ Verbs like 씻다 and 웃다 do not drop the ㅅ when preceding a vowel.

Ⓙ 「씻다、웃다」などの動詞は母音の前で「ㅅ」が脱落しません。

Ⓒ "씻다、웃다"等动词，母音前面的"ㅅ"不脱落。

㊥ 「씻다、웃다」等動詞，母音前面的「ㅅ」不脫落。

- 식사하기 전에 먼저 손을 **씻**으세요.
- 영화가 재미있어서 사람들이 크게 **웃**었어요.

5. A-아지다/어지다

의미

▶ **'-아지다/어지다'는 형용사에 붙어 점점 어떠한 상태로 변화됨을 나타낼 때 사용해요.**

Ⓔ -아지다/어지다 is attached to an adjective to indicate a gradual change or transformation into a certain state.

Ⓙ 「-아지다/어지다」は形容詞に付いて、だんだん状態が変化していくことを表すときに使います。

Ⓒ "-아지다/어지다"接在形容词后，表示某种状态逐渐发生变化时使用。

㊥ 「-아지다/어지다」接在形容詞後，用於表示某種狀態逐漸發生變化時。

- 'ㅏ, ㅗ' + 아지다　　　　예) 작**아지다**
- 'ㅏ, ㅗ' 외의 모음 + 어지다　　예) 힘들**어지다**

유의

◆ **'-았/었-', '-겠-'과 같이 사용할 수 있어요.**

Ⓔ -아지다/어지다 can be used with -았/었- and -겠-.

Ⓙ 「-았/었-」、「-겠-」とともに使うことができます。

Ⓒ 可以和"-았/었-"、"-겠-"一起使用。

㊥ 可以和「-았/었-」、「-겠-」一起使用。

- 어제는 많이 아팠는데 오늘은 다리가 괜찮**아졌어요**.
- 비가 안 그치면 내일은 날씨가 추워**지겠어요**.

◆ **부정형은 '-아지지 않다/어지지 않다', '안 -아지다/어지다'로 써요.**

Ⓔ The negative forms are -아지지 않다/어지지 않다 and 안 -아지다/어지다.

Ⓙ 否定表現は「-아지지 않다/어지지 않다」、「안 -아지다/어지다」と表します。

Ⓒ 否定型为"-아지지 않다/어지지 않다"、"안 -아지다/어지다"。

㊥ 否定型為「-아지지 않다/어지지 않다」、「안 -아지다/어지다」。

- 평소 운동을 하지 않으면 건강이 좋**아지지 않아요**.
- 평소 운동을 하지 않으면 건강이 **안** 좋**아져요**.

10 단원 음식

1. V-을래요/ㄹ래요

의미

▶ **'-을래요/ㄹ래요'는 동사에 붙어 말하는 사람이 어떤 일을 할 의사나 의향이 있음을 질문하거나 서술함을 나타내요.**

Ⓔ -을래요/ㄹ래요 is attached to a verb to ask someone's opinion or to express one's own opinion.

Ⓙ 「-을래요/ㄹ래요」は動詞に付いて、話し手があることをする意思や意向があることを述べたり、聞き手の意思を尋ねたりするときに使います。

Ⓒ "-을래요/ㄹ래요"接在动词后，表示说话人对将要发生某事的意思或意向提问、叙述时使用。

Ⓣ 「-을래요/ㄹ래요」接在動詞後，表示說話人對將要發生某事的想法或意向、做提問或敘述。

받침 ㅇ + 을래요　　예) 먹**을래요**

받침 ×, ㄹ + ㄹ래요　　예) 갈**래요**, 만들**래요**

유의

◆ **말하는 사람의 의향이나 의지를 표현할 때 사용하기 때문에 주어는 모두 1인칭을 사용해야 해요.**

Ⓔ -을래요/ㄹ래요 indicates the speaker's willingness or determination, so it only uses the first person as the subject.

Ⓙ 話し手の意思や意向を表すときに使用し、主語には常に一人称を使わなければなりません。

Ⓒ 因为是用来表现说话人的意向或意志，所以主语全部必须使用第一人称。

Ⓣ 因為是用來表現說話人的意向或意志，所以主語全部必須使用第一人稱。

- A　이 음악 너무 좋아요. 한번 들어 **볼래요**?
  B　네. 들어 **볼래요**.

◆ **비격식적인 상황에서 사용해요. 글을 쓸 때보다 말을 할 때 많이 사용하고 친구 사이나 아주 친한 사이에서 사용해요. 말하는 사람보다 나이가 많거나 지위가 높은 사람에게는 사용하지 않아요.**

Ⓔ -을래요/ㄹ래요 is used in informal situations. It is used more in speaking than in writing, and it is used among friends or very close relationships. It is not used to someone that is older or of higher status.

Ⓙ カジュアルな場面で使います。 書き言葉より話し言葉でよく使われ、友達同士やとても親しい間柄で使いま

す。 聞き手が話し手より年上だったり地位が高い場合には使われません。

🄒 使用在非正式场合中。比起用于写文章，更常用于口语。而且用于朋友之间或是关系很亲近的人，不向比自己年纪大或职位高的人使用。

㊥ 使用在非正式場合中。比起用在寫文章時，更常用在口語。而且用於朋友之間或是關係很親近的人，不向比自己年紀大或職位高的人使用。

- 브루나 씨, 저는 오늘 몸이 안 좋아서 먼저 **갈래요**. (○)
  선생님, 저는 오늘 몸이 안 좋아서 먼저 갈래요. (?)

◆ **'-을래요/ㄹ래요'와 '-고 싶다'는 모두 말하는 사람의 의향을 나타내요. 그런데 '-을래요/ㄹ래요'는 현재 상황에서 구체적으로 무엇을 하겠다는 의사를 표현하는 데 사용하는 반면에 '-고 싶다'는 실현 가능성을 고려하지 않은 단순한 희망을 나타내요.**

Ⓔ Both -을래요/ㄹ래요 and -고 싶다 indicate the speaker's willingness. -을래요/ㄹ래요 is used to specifically indicate what someone intends to do in the current situation, whereas -고 싶다 expresses a simple desire without considering its feasibility.

Ⓙ 「-을래요/ㄹ래요」と「-고 싶다」はどちらも話し手の意向を表します。「-을래요/ㄹ래요」は現在の状況で具体的に何をするかについて意思表示するときに使い、「-고 싶다」は実現の可能性を考慮しない単純な希望を表すときに使います。

🄒 "-을래요/ㄹ래요"和"-고 싶다"都是用于表示说话人的意向。但是"-을래요/ㄹ래요"用于现在的情况，具体地表达要做什么事；而"-고 싶다"不考虑实现的可能性，单纯地表示希望。

㊥ 「-을래요/ㄹ래요」和「-고 싶다」都是用在表示說話人的意向。但是「-을래요/ㄹ래요」用在現在情況當下，具體地表現要做什麼事；而「-고 싶다」不考慮實現的可能性，單純地表示希望。

- 저는 오늘 점심에 불고기를 먹**을래요**.
- 지금 먹을 수 없지만 저는 고향 음식을 먹**고 싶어요**.

2. V-을까 하다/ㄹ까 하다

의미

▶ **'-을까 하다/ㄹ까 하다'는 동사에 붙어 어떤 행위에 대해 확실하게 결정한 것은 아니지만 말하는 사람이 그 행위를 할 생각이 있음을 나타낼 때 사용해요.**

Ⓔ -을까 하다/ㄹ까 하다 is attached to a verb to indicate that although a definite decision has not been made, the speaker is considering doing a certain action.

Ⓙ 「-을까 하다/ㄹ까 하다」は動詞に付いて、はっきり決めてはいないが、話し手がその行為をするつもりがあることを表すときに使います。

中 "-을까 하다/ㄹ까 하다"接在动词后，表示说话人对某种行为虽不是确信的决定，但是表示对那个行为有想法时使用。

㊥ 「-을까 하다/ㄹ까 하다」接在動詞後，用於表示說話人對某種行動雖然還沒有很明確的決定，但是有想要做那個行動的想法。

받침 ○ + 을까 하다　　예) 먹**을까 하다**
받침 ×, ㄹ + ㄹ까 하다　　예) **갈까 하다**, 만들**까 하다**

유의

◆ **주어는 1인칭만 가능해요.**

E Only the first person is used as the subject.

日 主語には一人称のみ使われます。

中 主语只能使用第一人称。

㊥ 主語只能使用第一人稱。

- **저**는 수업 후에 도서관에 가서 책을 읽**을까 해요**. (○)
  리카는 수업 후에 도서관에 가서 책을 읽을까 해요. (×)

◆ **과거는 '-을까 했어요/ㄹ까 했어요'로 써요.**

E The past form of -을까 하다/ㄹ까 하다 is -을까 했어요/ㄹ까 했어요.

日 過去形は「-을까 했어요/ㄹ까 했어요」と表します。

中 过去式为"-을까 했어요/ㄹ까 했어요"。

㊥ 過去式為「-을까 했어요/ㄹ까 했어요」。

- 어제 리카랑 영화를 **볼까 했어요**.
- 어젯밤에 브루나에게 전화할**까 했**는데 너무 늦어서 안 했어요.

◆ **'-을까 하다/ㄹ까 하다'와 '-을 거예요/ㄹ 거예요'는 모두 의도를 나타낼 때 써요. 그런데 '-을까 하다/ㄹ까 하다'는 불확실한 의도를 나타내는 반면에 '-을 거예요/ㄹ 거예요'는 화자의 비교적 강한 의도를 나타내요.**

E Both -을까 하다/ㄹ까 하다 and -을 거예요/ㄹ 거예요 indicate intention. -을까 하다/ㄹ까 하다 indicate uncertain intentions, whereas -을 거예요/ㄹ 거예요 indicates the speaker's relatively strong intentions.

日 「-을까 하다/ㄹ까 하다」と「-을 거예요/ㄹ 거예요」はどちらも意図を表すときに使います。「-을까 하다/ㄹ까 하다」は不確実な意図を表し、「-을 거예요/ㄹ 거예요」は話し手の比較的強い意図を表します。

中 "-을까 하다/ㄹ까 하다"和"-을 거예요/ㄹ 거예요"都是用于表示意图。但"-을까 하다/ㄹ까 하다"是表示不确定的意图；而"-을 거예요/ㄹ 거예요"表示话者有相对强烈的意图。

㊥ 「-을까 하다/ㄹ까 하다」和「-을 거예요/ㄹ 거예요」都是用在表示意圖。但「-을까 하다/ㄹ까 하다」是表示不確定的意圖；而「-을 거예요/ㄹ 거예요」表示話者有相對強烈的意圖。

- 주말에 친구를 만날**까 해요**. (친구와 아직 약속하지 않았어요.)
- 주말에 친구를 만날 **거예요**. (친구와 만나기로 해서 주말에 친구를 만나요.)

3. V-은 후(에)/ㄴ 후(에)

의미

▶ **'-은 후(에)/ㄴ 후(에)'는 동사에 붙어 어떤 행동을 시간적으로 먼저 한 다음에 뒤의 행동을 함을 나타낼 때 사용해요.**

Ⓔ 후(에) means "after." -은 후(에)/ㄴ 후(에) is attached to a verb to indicate that the action is taken before the action of the following clause.

Ⓙ 「-은 후(에)/ㄴ 후(에)」は動詞に付いて、ある行動を先にしてから、次に後ろの行動をすることを表すときに使います。

Ⓒ "-은 후(에)/ㄴ 후(에)"接在动词后，表示某种行动在时间上先做完接着后面的行动出现时使用。

㊥ 「-은 후(에)/ㄴ 후(에)」接在動詞後，表示在時間順序上先做完該行動，再接著做後面的行動。

받침 ㅇ + 은 후(에)	예) 먹**은 후에**
받침 ×, ㄹ + ㄴ 후(에)	예) 간 **후에**, 만든 **후에**

유의

◆ **명사는 'N 후(에)'로 써요. 보통 시간을 나타내거나 행위와 관련된 의미를 명백하게 추측할 수 있는 명사와 함께 사용할 수 있어요.**

Ⓔ Nouns can be used in the form of N 후(에), which is usually used with nouns that indicate time or clearly imply action.

Ⓙ 名詞の場合は「N 후(에)」と表し、普通、時間を表す名詞やそのあとの行為と関連する意味を明確に持つ名詞とともに使うことができます。

Ⓒ 与名词连接时写成"N 후(에)"，通常和表示时间的名词、或是可以清楚地猜测与动作相关含义的名词一起使用。

㊥ 與名詞連接時寫成「N 후(에)」，通常和表示時間的名詞、或是可以清楚地猜測與動作相關含義的名詞一起使用。

- 일주일 **후에** 시험이 있어요.

- 식사 **후** 도서관에 같이 가요.

◆ **'-은 후(에)/ㄴ 후(에)'는 '-은 뒤(에)/ㄴ 뒤(에)', '-은 다음(에)/ㄴ 다음(에)'와 바꿔 쓸 수 있어요.**

Ⓔ -은 후(에)/ㄴ 후(에) can be replaced with -은 뒤(에)/ㄴ 뒤(에) or -은 다음(에)/ㄴ 다음(에).

㊐ 「-은 후(에)/ㄴ 후(에)」は「-은 뒤(에)/ㄴ 뒤(에)」、「-은 다음(에)/ㄴ 다음(에)」に変えて使うことができます。

㊥ "-은 후(에)/ㄴ 후(에)"和"-은 뒤(에)/ㄴ 뒤(에)"、"-은 다음(에)/ㄴ 다음(에)"可以替换使用。

㊥ 「-은 후(에)/ㄴ 후(에)」和「-은 뒤(에)/ㄴ 뒤(에)」、「-은 다음(에)/ㄴ 다음(에)」可以替換使用。

- 결혼한 **후에** 유학을 갔어요.
  = 결혼한 **뒤에** 유학을 갔어요.
  = 결혼한 **다음에** 유학을 갔어요.

11 단원 교통

1. A/V-네요

의미

▶ **'-네요'는 형용사, 동사, '이다'에 붙어 말하는 사람이 직접 경험하여 새롭게 알게 된 사실을 나타내요. 흔히 감탄의 뜻으로 사용해요.**

Ⓔ -네요 is attached to an adjective, a verb, or 이다 to indicate a fact that the speaker has personally experienced and newly discovered. It is commonly used to express a sense of admiration or surprise.

㊐ 「-네요」は形容詞、動詞、「이다」に付いて、話し手が直接経験して新たに知った事実を表します。普通、感嘆を表すときに使われます。

㊥ "-네요"接在形容词、动词、"이다"的后面，表示说话人通过直接经历后新知道的事实。常用来表示感叹的含意。

㊥ 「-네요」接在形容詞、動詞、「이다」的後面，表示說話人通過直接經驗後新得知的事實。常用來表示感嘆的含意。

받침 ㅇ + 네요　　예) 작**네요**
받침 ×, ㄹ + 네요　　예) 가**네요**, 힘드**네요**

유의

◆ **주어가 2, 3인칭일 때 주로 사용해요.**

Ⓔ -네요 is usually used when the subject is in the second or third person.

Ⓙ 主に主語が二人称、三人称のときに使われます。

Ⓒ 主语主要用于第二、三人称。

Ⓣ 主語主要用於第二、三人稱。

- **레아 씨**, 영어를 잘하**네요**.
- **다니엘**은 요즘 많이 바쁘**네요**.

◆ **'-았/었-, -겠-'과 같이 사용할 수 있어요.**

Ⓔ -네요 can be used with -았/었- and -겠-.

Ⓙ 「-았/었-」、「-겠-」とともに使うことができます。

Ⓒ 可以和"-았/었-"、"-겠-"一起使用。

Ⓣ 可以和「-았/었-」、「-겠-」一起使用。

- 샤오동 씨, 오늘은 일찍 **왔네요**.
- 샤니 씨, 어제 잠을 많이 못 자서 힘들**겠네요**.

2. N이나/나, N밖에

의미

▶ **'이나/나'는 명사에 붙어 수량이 기대보다 크거나 많음을 나타낼 때 사용해요.**

Ⓔ 이나/나 is attached to a noun to indicate that the quantity is larger or more than expected.

Ⓙ 「이나/나」は名詞に付いて、数量が思ったよりも多かったり大きかったりすることを表すときに使います。

Ⓒ "이나/나"接在名词后，表示数量比期待的大或是多的情况时使用。

Ⓣ 「이나/나」接在名詞後，用於表示數量比期待的大或是多的情況時。

받침 ○ + 이나　　예) 열 병**이나**
받침 × + 나　　예) 열 개**나**

▶ **'밖에'는 명사에 붙어 수량이 기대보다 작거나 적음을 나타낼 때 사용해요.**

Ⓔ 밖에 is attached to a noun to indicate a smaller or less quantity than expected.

Ⓙ 「밖에」は名詞に付いて、数量が思ったよりも少なかったり小さかったりすることを表すときに使います。

Ⓒ "밖에"接在名词后，表示数量比期待的小或是少时使用。

Ⓣ 「밖에」接在名詞後，用於表示數量比期待的小或是少時。

받침 ○ + 밖에　　예) 한 병**밖에**
받침 × + 밖에　　예) 한 개**밖에**

유의

◆ **'밖에'는 항상 '안, 못, 없다, 모르다, 않다, 못하다'와 같이 부정을 나타내는 표현과 함께 사용해요. 그런데 '아니다, -지 말다'와는 함께 사용하지 않아요.**

Ⓔ 밖에 is always used with negative expressions like 안, 못, 없다, 모르다, 않다, 못하다, but not with 아니다, -지 말다.

Ⓙ 「밖에」は「안、못、없다、모르다、않다、못하다」のように常に否定を表す表現とともに使われます。しかし、「아니다、-지 말다」とともには使われません。

Ⓒ "밖에"经常与"안、못、없다、모르다、않다、못하다"等表示否定的表达一起使用。但是不和"아니다、-지 말다"一起使用。

Ⓣ 「밖에」經常與「안、못、없다、모르다、않다、못하다」等表示否定的表現一起使用。但是不和「아니다、-지 말다」一起使用。

- 어제 잠을 두 시간**밖에 못** 잤어요.
- 지금 교실에 학생이 한 명**밖에 없어요**.

- 조금밖에 먹지 마세요. (×)
- 이 커피는 천 원밖에 아니에요. (×)

3. A/V-기 때문에

의미

▶ **'-기 때문에'는 형용사, 동사, '이다'에 붙어 어떤 일의 이유나 원인을 나타낼 때 사용해요.**

Ⓔ -기 때문에 is attached to an adjective, a verb, or 이다 to indicate the reason or cause of something.

Ⓙ 「-기 때문에」は形容詞、動詞、「이다」に付いて、その行動や状況の理由や原因を表すときに使われます。

Ⓒ "-기 때문에"接在形容词、动词、"이다"后面，表示某种事情的理由或原因时使用。

Ⓣ 「-기 때문에」接在形容詞、動詞、「이다」後面，用於表示某種事情的理由或原因。

받침 ㅇ + 기 때문에　　예) 먹**기 때문에**

받침 × + 기 때문에　　예) 예쁘**기 때문에**

유의

◆ **'-았/었-'과 함께 사용할 수 있지만 '-겠-'과 함께 사용할 수 없어요.**

Ⓔ -기 때문에 can be used with -았/었-, but cannot be used with -겠-.

㊐ 「-았/었-」とともに使うことはできますが、「-겠-」とともに使うことはできません。

㊥ 可以和"-았/었-"一起使用，但是不可以和"-겠-"一起使用。

㊥ 可以和「-았/었-」一起使用，但是不可以和「-겠-」一起使用。

- 눈이 많이 **왔기 때문에** 길이 미끄러워요.
- 내일 발표를 하**기 때문에** 발표 준비를 해야 해요. (ㅇ)
  내일 발표를 하겠기 때문에 발표 준비를 해야 해요. (×)

◆ **'-기 때문이다'로 쓰기도 해요. 그리고 '-기 때문이다'는 '왜냐하면'과 함께 사용하기도 해요.**

Ⓔ -기 때문에 can also be used as -기 때문이다, which is often used with 왜냐하면.

㊐ 「-기 때문이다」を使うこともあります。「-기 때문이다」は「왜냐하면」とともに使われたりします。

㊥ 也可以写成"-기 때문이다"。而且"-기 때문이다"和"왜냐하면"可以一起使用。

㊥ 也可以寫成「-기 때문이다」。而且「-기 때문이다」和「왜냐하면」可以一起使用。

- A　왜 한국어를 공부해요?
  B　한국에서 대학교에 가고 싶**기 때문이에요**.
- A　학교를 졸업한 후에 어떤 일을 하고 싶습니까?
  B　저는 여행사에서 일하고 싶습니다. **왜냐하면** 여행에 관심이 많**기 때문입니다**.

◆ **'-기 때문에'와 '-아서/어서'는 어떤 일의 이유나 원인을 나타내는 표현인데 '-기 때문에'는 '-아서/어서'에 비해 문어나 격식적인 상황에서 더 많이 사용해요.**

Ⓔ Both -기 때문에 and -아서/어서 indicate the reason or cause of an event. However, -기 때문에 is used more often in written or formal contexts than -아서/어서 is.

㊐ 「-기 때문에」と「-아서/어서」はどちらもその行動や状況の理由や原因を表す表現ですが、「-기 때문에」は「-아서/어서」に比べて礼儀や格式が重んじられる場面でよく使われます。

㊥ "-기 때문에"和"-아서/어서"都是表现事情的理由或原因，但比起"-아서/어서"，"-기 때문에"更常使用在书面语或是正式场合中。

㊥ 「-기 때문에」和「-아서/어서」都是表現事情的理由或原因，但比起「-아서/어서」，「-기 때문에」更常使用在書面

語或是正式場合中。

- 영수증이 없**기 때문에** 환불을 하실 수 없습니다.
- 오늘은 길이 미끄럽**기 때문에** 대중교통을 이용하는 것이 좋겠습니다.

4. A-군요/V-는군요

의미

▶ **'-군요/-는군요'는 형용사, 동사, '이다'에 붙어 말하는 사람이 보거나 듣고 새롭게 알게 된 사실을 말할 때 사용해요. 감탄의 뜻을 가지고 있어요.**

Ⓔ -군요/-는군요 is attached to an adjective, a verb, or 이다 to express something that a person has newly discovered by observing himself or hearing from someone else. It conveys a sense of admiration.

Ⓙ 「-군요/-는군요」は形容詞、動詞、「이다」に付いて話し手が見たり聞いたりして新たに知った事実について話すときに使います。感嘆の意味を持ちます。

Ⓒ "-군요/-는군요"接在形容词，动词，"이다"后面，指说话人看到或听到新知道的事实时使用。具有感叹的意思。

Ⓣ 「-군요/-는군요」接在形容詞、動詞、「이다」後面，指說話人看到或聽到新知道的事實時使用。具有感嘆的意思。

형용사

받침 ㅇ + 군요　　예) 작**군요**

받침 ×, ㄹ + 군요　　예) 예쁘**군요**, 힘들**군요**

동사

받침 ㅇ + 는군요　　예) 먹**는군요**

받침 ×, ㄹ + 는군요　　예) 가**는군요**, 만드**는군요**

유의

◆ **'-았/었-, -겠-'과 같이 사용할 수 있어요.**

Ⓔ -군요 and -는군요 can be used with -았/었- and -겠-.

Ⓙ 「-았/었-」、「-겠-」とともに使うことができます。

Ⓒ 可以和"-았/었-"、"-겠-"一起使用。

Ⓣ 可以和「-았/었-」、「-겠-」一起使用。

- 레아 씨, 시험공부를 열심히 **했군요**.
- 지금쯤 타나펀은 태국에 도착**했겠군요**.

5. N 때문에

의미

▶ **'때문에'는 명사 뒤에 쓰여 어떤 일의 이유나 원인을 나타낼 때 사용해요.**

Ⓔ 때문에 is used after a noun to indicate the reason or cause of something.

Ⓙ 「때문에」は名詞の後ろに付いて、その行動や状況の理由や原因を表すときに使われます。

Ⓒ "때문에"用在名词后，表示某种事情的理由或原因时使用。

㊥ 「때문에」用在名詞後，用於表示某種事情的理由或原因時。

받침 ○ + 때문에　　예) 시험 **때문에**
받침 × + 때문에　　예) 친구 **때문에**

유의

◆ **명사는 'N 때문에'와 'N이기 때문에' 두 형태로 사용할 수 있어요. 주어와 N이 같지 않을 때는 'N 때문에'를 사용하고 주어와 N이 같을 때는 'N이기 때문에'를 사용해요.**

Ⓔ Nouns can be used in two forms: N 때문에 and N이기 때문에. N 때문에 is used when the subject and N are not the same, and N이기 때문에 is used when the subject and N are the same.

Ⓙ 名詞の場合は「N 때문에」と「N이기 때문에」の2つの形で表します。主語とNが同じでない場合は「N 때문에」を使い、主語とNが同じ場合は「N이기 때문에」を使います。

Ⓒ 与名词连接时可以写成"N 때문에"和"N이기 때문에"两种形式。主语和N不同时，使用"N 때문에"；主语和N相同时，使用"N이기 때문에"。

㊥ 與名詞連接時可以寫成「N 때문에」和「N이기 때문에」兩種形式。主語和N不同時，使用「N 때문에」；主語和N相同時，使用「N이기 때문에」。

- 선생님은 학생 **때문에** 화가 나셨어요. (선생님≠학생)
- 저는 학생**이기 때문에** 열심히 공부해야 해요. (저=학생)

12 단원 축하와 감사

1. A/V-아/어(반말)

의미

▶ **반말은 친한 사람 또는 아랫사람에게 말할 때 사용해요. '-아/어'는 형용사, 동사, '이다'에 붙어 어떤 사실을 서술하거나 물을 때 사용해요.**

Ⓔ Informal speech is used to speak to close friends or people younger than you. -아/어 is attached to an adjective, a verb, or 이다 to describe or ask a question about a fact.

㊐ 友達言葉は仲のいい人や目下の人に対して使います。「-아/어」は形容詞、動詞、「이다」に付いて、ある事実を述べたり尋ねたりするときに使います。

㊥ 非敬语是在说话时对关系亲近的人或是比自己年龄小的人使用的。“-아/어”接在形容词、动词、“이다”后面，表示陈述或询问某种事实时使用。

㊥ 半語是在對關係親近的人，或是比自己年齡小的人說話時使用。「-아/어」接在形容詞、動詞、「이다」後面，表示陳述或詢問某種事實。

'ㅏ, ㅗ' 모음 + 아 예) 찾**아**
'ㅏ, ㅗ' 외의 모음 + 어 예) 힘들**어**

구분		과거	현재		미래
형용사 동사	'ㅏ, ㅗ' 모음	+ 았어	+ 아	받침 ㅇ	+ 을거야
	'ㅏ, ㅗ' 외의 모음	+ 었어	+ 어	받침 ×, ㄹ	+ ㄹ거야
이다	받침 ㅇ	+ 이었어	+ 이야	-	
	받침 ×	+ 였어	+ 야	-	

예)

구분	과거	현재	미래
형용사 동사	좋**았어** 갔**어**	좋**아** 가	- 먹**을 거야**
	컸**어** 먹**었어**	커 먹**어**	- 갈 **거야**, 살 **거야**
이다	선생님**이었어**	선생님**이야**	-
	친구**였어**	친구**야**	-

유의

◆ **반말을 할 때 1인칭은 '나'로, 2인칭은 '너'로 써요.**

Ⓔ In informal speech, the first person is 나, and the second person is 너.

Ⓙ 友達言葉で話すとき、一人称は「나」、二人称は「너」を使います。

Ⓒ 说非敬语时，第一人称为"나"、第二人称为"너"。

Ⓣ 說半語時，第一人稱為「나」、第二人稱為「너」。

- 요즘 **저**는 태권도를 배워요. → 요즘 **나**는 태권도를 배**워**.
- **리카 씨**는 어떤 케이크를 좋아해요? → **너**는 어떤 케이크를 좋아**해**?

◆ **주어를 높여서 말할 때는 '-으시/시-'를 사용해요.**

Ⓔ -으시/시- is used with -아/어 to elevate the subject.

Ⓙ 主語を高めて話すときは「-으시/시-」を使います。

Ⓒ 提高主语地位时，使用"-으시/시-"。

Ⓣ 提高主語地位時，使用「-으시/시-」。

- 아버지는 오늘 기분이 좋**으셔**.
- 선생님은 지금 학교에 계**셔**?

2. V-아/어, V-자 (반말)

의미

▶ **'-아/어, -자'는 모두 반말로 '-아/어'는 동사에 붙어 어떤 행동을 할 것을 명령할 때 사용하고, '-자'는 동사에 붙어 어떤 행동을 할 것을 제안하거나 요청할 때 사용해요.**

Ⓔ -아/어, -자 are used in informal speech. -아/어 is attached to a verb to order an action, and its negative form is -지 마. -자 is attached to a verb to suggest and request an action.

Ⓙ 「-아/어」、「-자」はどちらも友達言葉です。「-아/어」は動詞に付いて、ある行動をするよう命令するときに使われ、「-자」は動詞に付いて、ある行動をすることを提案したり頼んだりするときに使われます。

Ⓒ "-아/어"和"-자"都是非敬语，"-아/어"接在动词后，表示命令做某种行动时使用。而"-자"接在动词后，表示提议或请求做某种行动时使用。

Ⓣ 「-아/어」和「-자」都是半語，「-아/어」接在動詞後，用於表示命令做某種行動。而「-자」接在動詞後，表示限制或請求做某種行動。

'ㅏ, ㅗ' 모음 + 아 예) 찾**아**, 찾**자**
'ㅏ, ㅗ' 외의 모음 + 어 예) 읽**어**, 읽**자**

유의

◆ **명령형 '-아/어'의 부정형은 '-지 마'로 쓰고 청유형 '-자'의 부정형은 '-지 말자'로 써요.**

Ⓔ The negative form of the imperative -아/어 is -지 마, and the negative form of the request -자 is -지 말자.

Ⓙ 命令形「-아/어」の否定表現は「-지 마」で、勧誘形「-자」の否定表現は「-지 말자」と表します。

Ⓒ 命令句型"-아/어"的否定型为"-지 마", 共动句型"-자"的否定型为"-지 말자"。

㊥ 命令句型「-아/어」的否定型為「-지 마」, 共動句型「-자」的否定型為「-지 말자」。

- 밥 먹으면서 휴대 전화 보**지 마**.
- 길이 많이 막히니까 버스를 타**지 말자**.

---

3. A/V-지요?

의미

▶ **'-지요?'는 형용사, 동사, '이다'에 붙어 말하는 사람이 어떠한 사실을 듣는 사람도 알고 있다고 생각하고 다시 확인하면서 질문할 때 사용해요.**

Ⓔ -지요? is attached to an adjective, a verb or 이다 to indicate that the speaker believes the listener knows a certain fact and wants to confirm it while asking a question.

Ⓙ 「-지요?」は形容詞、動詞、「이다」に付いて、聞き手も知っていると考えられる事実について話し手がもう一度確認する意味で質問するときに使います。

Ⓒ "-지요?"接在形容词、动词、"이다"后, 表示说话人认为听话人也知道某一事实, 重新确认进行提问时使用。

㊥ 「-지요?」接在形容詞、動詞、「이다」後, 用於表示說話人認為聽話人也知道某一事實, 重新確認並進行提問時。

받침 ○ + 지요? 예) 먹**지요**?
받침 × + 지요? 예) 가**지요**?

유의

◆ **'-아요/어요?'는 말하는 사람이 자신이 모르는 내용을 듣는 사람에게 물을 때 사용하지만 '-지요?'는 말하는 사람이 아는 내용을 듣는 사람도 알고 있다고 생각하고 확인하면서 질문할 때 사용해요.**

Ⓔ -아요/어요? is used when asking about something that the speaker does not know, whereas -지요? is used when the speaker assumes that the listener shares the information that the speaker has and asks to seek confirmation.

Ⓙ 「-아요/어요?」は話し手が自分の知らないことを聞き手に尋ねるときに使いますが、「-지요?」は話し手が知っていることを聞き手も知っていると思い、確認しながら質問するときに使います。

Ⓒ "-아요/어요?"用在说话人向听话人询问自己不知道的内容时。但"-지요?"用在说话人自己知道内容，而且认为听话人也知道其内容，向听话人确认而进行提问时。

Ⓣ 「-아요/어요?」用在說話人向聽話人詢問自己不知道的內容時。但「-지요?」用在說話人自己知道內容，而且認為聽話人也知道其內容，向聽話人確認而進行提問時。

- A 김치가 매워**요**? (김치가 매운 것을 몰라서 물어보는 질문)
  B 네. 매워요.
- A 김치가 맵**지요**? (김치가 매운 것을 이미 알고 있는데 확인하려고 하는 질문)
  B 네. 매워요.

4. 응, 아니

의미

▶ **답할 때 쓰는 '네', '아니요'는 반말로 '응', '아니'로 말해요.**

Ⓔ 응, 아니 are informal expressions for 네, 아니요.

Ⓙ 質問に答えるときに使う「네」、「아니요」は友達言葉では「응」、「아니」と言います。

Ⓒ 在回答提问时使用"네"、"아니요"，非敬语用"응"、"아니"。

Ⓣ 回答提問時使用的「네」、「아니요」，在半語時用「응」、「아니」。

5. N아/야

의미

▶ **'아/야'는 친구 또는 아랫사람을 부를 때 사용해요. 보통 반말에 사용해요.**

Ⓔ 아/야 is used to call a friend or younger person. It is usually used in informal speech.

Ⓙ 「아/야」は友達や目下の人を呼ぶときに使い、普通、友達言葉とともに使われます。

Ⓒ "아/야"在称呼朋友或是比自己年龄小的人时使用。一般用在非敬语中。

Ⓣ 「아/야」在稱呼朋友或是比自己年齡小的人時使用。一般用在半語中。

받침 ○ + 아　　예) 상진**아**

받침 × + 야　　예) 건우**야**

유의

◆ **외국인 이름에는 사용하지 않는 것이 일반적이에요.**

Ⓔ It is uncommon to use 아/야 for foreigners' names.

㊐ 外国人の名前には使わないのが一般的です。

㊥ 通常不使用在外国人的名字上。

㊥ 通常不使用在外國人的名字上。

- **브루나**, 주말에 뭐 해? (○)
  브루나야, 주말에 뭐 해? (?)
- **제이슨**, 같이 밥 먹으러 가자. (○)
  제이슨아, 같이 밥 먹으러 가자. (?)

듣기 지문 및 정답

7 단원 쇼핑

어휘와 표현 1_ 물건 p. 10

1. (1) 칫솔 (2) 치약 (3) 비누 (4) 수건 (5) 휴지

2. (1) 선풍기 (2) 그릇 (3) 이불 (4) 전기밥솥 (5) 청소기

어휘와 표현 2_ 물건의 특징 p. 11

1. (1) 두꺼운 (2) 가벼운 (3) 진한 (4) 낮은 (5) 긴 (6) 화려한

문법 1_ V-을/ㄹ p. 12

1.

V	-을	V	-ㄹ
찾다	찾을	가다	갈
눕다	누울	일하다	일할
묻다	물을	살다	살

2. (1) 방학 때 읽을 책 (2) 공부할 때 들을 음악 (3) 문화 수업에서 만들 음식
   (4) 학교 축제에서 노래할 사람

3. (1) 먹을 (2) 주차할 (3) 쓸 (4) 입을

문법 2_ V-은 지/ㄴ 지 p. 13

1.

V	-은 지	V	-ㄴ 지
찍다	찍은 지	오다	온 지
입다	입은 지	운동하다	운동한 지
걷다	걸은 지	놀다	논 지

2. (1) 회사를 그만둔 지 (2) 한국에서 산 지 (3) 친구한테서 소식을 들은 지 (4) 가족과 통화한 지

3. (1) 쓴 지 (2) 연 지 (3) 읽은 지 (4) 배운 지

문법 3_ A-은 것 같다/ㄴ 것 같다
V-은 것 같다/ㄴ 것 같다, -는 것 같다, -을 것 같다/ㄹ 것 같다 p. 14

1.

A	-은 것 같다/ ㄴ 것 같다	V	-은 것 같다/ ㄴ 것 같다	-는 것 같다	-을 것 같다/ ㄹ 것 같다
작다	작은 것 같아요	찾다	찾은 것 같아요	찾는 것 같아요	찾을 것 같아요
예쁘다	예쁜 것 같아요	보다	본 것 같아요	보는 것 같아요	볼 것 같아요
길다	긴 것 같아요	듣다	들은 것 같아요	듣는 것 같아요	들을 것 같아요

2. (1) 아픈 것 같아요 (2) 어렵지 않은 것 같아요 (3) 많은 것 같아요 (4) 맛집인 것 같아요

3. (1) 사는 (2) 올 (3) 본 (4) 좋아하는

더 알아보기 1_ A/V-을까요?/ㄹ까요? p. 15

1.

A/V	-을까요?	A/V	-ㄹ까요?
좋다	좋을까요?	길다	길까요?
듣다	들을까요?	가다	갈까요?

2. (1) 좋아할까요 (2) 끝났을까요 (3) 많을까요 (4) 막힐까요

더 알아보기 2_ A-을 것 같다/ㄹ 것 같다 N일 것 같다 p. 15

1.

A	-을 것 같다/ㄹ 것 같다	N	일 것 같다
작다	작을 것 같아요	선생님	선생님일 것 같아요
춥다	추울 것 같아요	배우	배우일 것 같아요

2. (1) 비쌀 것 같아요 (2) 영화일 것 같아요 (3) 튼튼할 것 같아요 (4) 사람일 것 같아요

듣기 p. 16

1. ①

2.

브루나 제이슨 씨, 비누하고 치약을 또 사요? 벌써 다 썼어요?
제이슨 아니요. 다음 주말에 친구랑 캠핑을 가는데 거기에서 쓸 비누랑 치약을 사야 해서요.

(1) ②

점원 손님, 어떤 그릇을 찾으세요? 선물하실 거예요?
타나펀 아니요. 제가 집에서 사용할 그릇을 찾고 있어요.

(2) ②

3.

리카	올가 씨, 뭐 해요? 인터넷에서 뭐 사려고요?
올가	네. 헤드폰을 하나 사고 싶어서요.
리카	올가 씨 헤드폰이 있지 않아요?
올가	있는데 그게 고장이 나서 새로 사려고요. 그리고 그건 좀 무거웠어요. 그런데 리카 씨, 제가 이 헤드폰이 마음에 드는데 여기에서 무슨 색을 사면 좋을까요?
리카	이 까만색 헤드폰은 어때요?
올가	제가 까만색을 좋아해서 까만색 헤드폰만 사용했어요. 그래서 이번에는 좀 다른 색으로 사고 싶어요.
리카	그럼 이 파란색은 어때요? 색도 예쁘고 올가 씨한테도 잘 어울릴 것 같아요.
올가	저도 이게 마음에 들어요. 이걸로 사는 게 좋겠어요.
리카	사실 저도 헤드폰이 필요했는데 여기에 예쁜 게 많은 것 같아요.
올가	그래요? 리카 씨도 헤드폰을 사고 싶으면 여기에서 한번 찾아보세요.

(1) 까만색 헤드폰만 사용해서　(2) 어울릴 것 같아서　(3) 마음에 들어서

말하기 p. 17

1. (1) 할머니께 드릴 가방을 사려고요　(2) 다른 건 없을까요　(3) 교환이 가능할까요

2. (1) 여기에서 청소기를 샀는데 다른 걸로 바꿀 수 있을까요?

   (2) 영수증 여기 있어요. 산 지 5일 정도 됐어요.

   (3) 사용하기 편한 게 있을까요? 이 청소기는 사용하기 좀 불편해서요.

읽기 p. 18

2. (1) ③　(2) ③

쓰기 p. 19

1.

이 노트북을 추천합니다.

저는 디자이너입니다. 디자이너여서 일을 할 때 노트북을 많이 사용합니다. 그런데 지금까지 사용한 노트북이 너무 오래되어서 새로 바꾸고 싶었습니다. 요즘 광고하고 있는 W-02 노트북을 사면 좋을 것 같아서 인터넷에서 구매 후기를 읽어 봤습니다. 구매 후기가 좋아서 저도 이 노트북을 사게 됐습니다. 이 노트북은 얇고 아주 가볍습니다. 그래서 들고 다니기 편합니다. 그리고 지금 30% 할인을 합니다. 다른 노트북보다 싸게 살 수 있습니다. 특히 색깔이 예쁘고 디자인이 마음에 들어서 아주 좋습니다. 저처럼 노트북을 바꾸고 싶은 분들에게 이 노트북을 꼭 추천합니다.

8 단원 초대와 방문

어휘와 표현 1_ 초대, 방문 p. 20

1. (1) ② (2) ④ (3) ① (4) ③

2. (1) 장을 봐요 (2) 선물을 포장하고 (3) 대접할 거예요 (4) 배웅했어요

어휘와 표현 2_ 선물 p. 21

1. (1) 화분 (2) 벽시계 (3) 커피 잔 세트 (4) 향수

2. (1) 곰 인형 (2) 스탠드 (3) 꽃다발 (4) 떡 (5) 과일 바구니

문법 1 _ V-기로 하다 p. 22

1.

V	-기로 하다	V	-기로 하다
짓다	짓기로 해요	마시다	마시기로 해요
듣다	듣기로 해요	숙제하다	숙제하기로 해요
눕다	눕기로 해요	놀다	놀기로 해요

2. (1) 먹기로 했어요 (2) 찍기로 했어요 (3) 하기로 했어요 (4) 보기로 했어요

3. (1) 입기로 했어요 (2) 가기로 했어요 (3) 배우기로 해서 (4) 만들기로 했어요

문법 2_ A/V-거나 p. 23

1.

A/V	-거나	A/V	-거나
많다	많거나	바쁘다	바쁘거나
덥다	덥거나	전화하다	전화하거나
걷다	걷거나	살다	살거나

2. (1) 카페에 가거나 (2) 아프거나 (3) 음악을 듣거나 (4) 숙제가 많거나

3. (1) 바다에서 서핑하거나 여행하고 싶어요 (2) 책을 읽거나 자전거를 타요
(3) 잠을 자거나 청소해요 (4) 춥거나 비가 오면/춥거나 비가 올 때

문법 3_ A/V-으니까/니까 p. 24

1.

A/V	-으니까	A/V	-니까
좋다	좋으니까	크다	크니까
춥다	추우니까	편하다	편하니까
듣다	들으니까	만들다	만드니까

2. (1) 뜨거우니까 (2) 오니까/내리니까 (3) 많으니까 (4) 났으니까

3. (1) 있으니까 (2) 여니까 (3) 먹었으니까 (4) 크니까

더 알아보기_ N이나/나 p. 25

1.

N	이나	N	나
집	집이나	바다	바다나
오늘	오늘이나	커피	커피나

2. (1) 금요일이나 토요일 (2) 김밥이나 빵 (3) 축구나 수영 (4) 차나 주스

3. (1) 집이나 도서관 (2) 제주도나 부산 (3) 저녁이나 주말 (4) 티셔츠나 스웨터

듣기 p. 26

1. ①

2.
제이슨 결혼식은 어디에서 해요?
레아 남산골한옥마을에서 해요. 거기에서 한국 전통 결혼식을 하려고요. 결혼식이 끝나고 근처에 있는 호텔에서 같이 식사도 할 거예요.

(1) ① 호텔 • ---- • 식사
② 남산골한옥마을 • ---- • 결혼식

브루나 지난 학기에 1급에서 같이 공부한 소피아 기억나요? 소피아가 며칠 전에 한국에 와서 내일 만나기로 했어요. 샤오동 씨도 올 수 있어요?
샤오동 그럼요. 저도 갈게요.

(2) ②

3.
타나펀 리카 씨, 이번 주 일요일에 시간 있어요?
리카 네. 별일 없는데 왜요?
타나펀 일요일이 올가 생일이에요. 일요일에 올가랑 샤니가 우리 집에 놀러 오기로 했는데 그때 깜짝 생일 파티를 해 주면 어때요?
리카 좋아요. 샤니도 생일 파티 계획을 알아요?
타나펀 아니요. 몰라요. 제가 샤니한테 연락할게요.
리카 선물은 뭐가 좋을까요?
타나펀 올가가 향수를 모으니까 향수를 사면 어때요?
리카 좋은 생각이에요. 향수가 좋을 것 같아요. 선물은 제가 준비할게요.
타나펀 고마워요. 그럼 케이크는 제가 살게요. 올가랑 샤니가 5시까지 우리 집에 오기로 했으니까 리카 씨는 좀 더 일찍 오세요.
리카 네. 알겠어요. 그날 봐요.

(1) 놀러 오기로 했어요 (2) 모으니까 (3) 사기로 했어요

말하기 p. 27

1. (1) 특별한 일은 없는데 왜요 (2) 어디에서 모여요 (3) 물과 간식을 가져오세요

2. (1) 꽃다발이나 과일 바구니가 좋을 것 같아요. (2) 그럼 커피 잔 세트는 어때요?
   (3) 인터넷에서 살 수 있어요. 예쁜 커피 잔 세트를 같이 골라 봐요.

읽기 p. 28

2. (1) 선생님께서 초대해 주셨습니다. (2) 3, 1, 2

쓰기 p. 29

1.

유학생 모임에서 만난 레이나

지난 주말에 외국인 유학생 모임에 다녀왔습니다. 이 모임은 신촌에 살고 있거나 신촌에 있는 대학교에 다니는 유학생들의 모임입니다. 저는 우리 반 친구 리카가 소개해 줘서 갔습니다.

그 모임에서 한국대 학생을 만났습니다. 그 친구 이름은 레이나입니다. 우리는 만나서 인사를 했습니다. 그리고 자주 만나기로 했습니다. 그래서 전화 번호를 교환했습니다. 그리고 같이 음식을 먹었습니다. 태국 음식이 있었는데 아주 맛있었습니다.

새 친구를 사귀고 고향 음식도 먹으니까 기분이 좋았습니다. 아주 즐거운 시간이었습니다. 앞으로 이 모임에 자주 가려고 합니다.

9 단원 건강

어휘와 표현 1_ 신체 p. 30

1. (1) 눈 (2) 팔 (3) 어깨 (4) 다리 (5) 목 (6) 배

어휘와 표현 2_ 증상 p. 31

1. (1) ④, 소화가 안 되다 (2) ①, 열이 나다 (3) ②, 코가 막히다 (4) ③, 기침을 하다

2. (1) 콧물이 나서 (2) 두통이 심해서 (3) 목이 부은 (4) 배탈이 났어요

문법 1_ V-아서/어서 p. 32

1.

V	-아서	V	-어서
오다	와서	열다	열어서
찾다	찾아서	걷다	걸어서
살다	살아서	눕다	누워서

2. (1) 만나서 (2) 내려서 (3) 앉아서 (4) 만들어서

3. (1) 돌아가서 (2) 타고 (3) 일어나서 (4) 먹고

문법 2_ A/V-게 p. 33

1.

A/V	-게	A/V	-게
있다	있게	바쁘다	바쁘게
쉽다	쉽게	일어나다	일어나게
듣다	듣게	이해하다	이해하게

2. (1) ③, 감기에 안 걸리게 두꺼운 옷을 입으세요. (2) ②, 약속 시간에 늦지 않게 일찍 출발했어요.
(3) ①, 뒤에서도 잘 볼 수 있게 크게 써 주세요. (4) ④, 외국인 친구들도 먹을 수 있게 맵지 않은 음식을 준비했어요.

3. (1) 모르게 (2) 덥지 않게 (3) 공부하게 (4) 기다리지 않게/기다리시지 않게

문법 3_ V-기 전(에) p. 34

1.

V	-기 전(에)	V	-기 전(에)
찾다	찾기 전(에)	가다	가기 전(에)
듣다	듣기 전(에)	쉬다	쉬기 전(에)
눕다	눕기 전(에)	일하다	일하기 전(에)

2. (1) 만들기 전에 (2) 하기 전에 (3) 찍기 전에 (4) 돌아가기 전에

3. (1) 먹기 전에 (2) 보기 전에 (3) 닫기 전에 (4) 돌리기 전에

더 알아보기 1_ ㅅ 불규칙 p. 35

1.

A/V	-아요/어요	-으면/면	A/V	-아요/어요	-으면/면
낫다	나아요	나으면	붓다	부어요	부으면
짓다	지어요	지으면	*씻다	씻어요	씻으면

2. (1) 부었어요 (2) 나았어요 (3) 지어서 (4) 씻어

더 알아보기 2_ A-아지다/어지다 p. 35

1.

A	-아지다	A	-어지다
많다	많아져요	예쁘다	예뻐져요
작다	작아져요	춥다	추워져요

2. (1) 달라졌어요 (2) 심해졌어요 (3) 좋아져요 (4) 바빠졌어요

듣기 p. 36

1. ②

2.

타나펀 오늘 아침부터 배가 아파요.
약사 그럼 이 약을 아침, 점심, 저녁에 한 번씩 드세요. 식사 전에 드시지 마시고 식사 후에 드세요.

(1) ①

리카	목이 좀 아파서 오늘은 일찍 집에 갈 거예요.
샤니	그래요? 리카 씨, 많이 아프면 병원에 가는 게 어때요?
리카	오늘은 집에서 약을 먹고 쉬려고요. 약을 먹었는데 낫지 않으면 내일 병원에 갈게요.

(2) ①

3.

제이슨	지유 씨, 괜찮아요? 얼굴이 안 좋은 것 같아요.
지유	네. 요즘 스트레스를 많이 받아서 그래요.
제이슨	왜요? 무슨 일이 있어요?
지유	다음 주 수업 시간에 발표를 해야 되는데 준비할 게 너무 많아서요.
제이슨	그래요? 힘들겠어요.
지유	네. 그런데 저는 이럴 때 게임만 하게 돼요. 그래서 더 스트레스를 받는 것 같아요.
제이슨	지유 씨, 오늘은 게임하지 말고 잠깐 산책을 하거나 좋아하는 음식을 만들어서 먹어 보세요. 그러면 스트레스가 풀릴 거예요.
지유	네. 그럼 오늘 발표 준비를 하기 전에 근처 공원에 가서 산책해 볼게요.
제이슨	좋은 생각이에요. 지유 씨, 발표 끝나면 같이 영화 보러 가요. 발표 준비 잘하세요.

(1) 스트레스를 받는 것 같아요/받아요 (2) 좋아하는 음식을 만들어서 (3) 준비를 하기 전에

말하기 p. 37

1. (1) 눈이 아파서 집에서 쉬려고 해요 (2) 책도 못 보겠어요 (3) 안약을 사서 넣었어요

2. (1) 열이 나고 두통이 심해요. (2) 어제 아침부터 아팠어요. (3) 목이 아파요. 그리고 재채기하고 콧물이 많이 나요.

읽기 p. 38

2. (1) ①, ④ 정수빈 ②, ③ 김민지 (2) ②

쓰기 p. 39

1.

잠을 잘 잘 수 있는 생활 습관

저는 항상 밤에 잠을 잘 못 자서 낮에 피곤했습니다. 수업 시간에도 집중하기가 너무 힘들었습니다. 그래서 저는 잠을 잘 잘 수 있게 생활 습관을 몇 가지 바꿨습니다. 지금부터 바뀐 생활 습관을 소개하겠습니다.

저는 보통 수업이 끝나면 오후에 집에 가서 낮잠을 잤습니다. 그렇지만 지금은 오후에 낮잠을 자지 않습니다.(낮에는 잠을 자지 않습니다.) 그리고 보통 저녁 식사를 하고 커피를 마셨습니다. 그런데 지금은 저녁에는 커피를 마시지 않습니다. 또 밤마다 침대에 누워서 휴대 전화를 많이 봤는데 지금은 자기 전에 휴대 전화를 보지 않습니다.

이 생활 습관을 지키고 저는 잠을 잘 잘 수 있게 됐습니다. 그리고 건강해졌습니다. 잠을 못 자는 분들께서는 저처럼 생활 습관을 바꿔서 편안하게 주무시기 바랍니다.

10 단원 음식

어휘와 표현 1_ 음식 재료 p. 40

1. (1) 닭고기 (2) 해산물 (3) 조개 (4) 오징어 (5) 채소 (6) 파 (7) 상추 (8) 버섯

어휘와 표현 2_ 요리법 p. 41

1. (1) 삶아요 (2) 튀겨요 (3) 섞어요 (4) 부쳐요

2. (1) 구워서 (2) 볶아야 (3) 쪄서 (4) 끓이고

어휘와 표현 활용_ 맛 표현 p. 42

1. (1) 써서 (2) 달고/달아서 (3) 짜요 (4) 매운 (5) 신 (6) 구수했어요

문법 1_ V-을래요/ㄹ래요 p. 43

1.

V	-을래요	V	-ㄹ래요
찾다	찾을래요	자다	잘래요
듣다	들을래요	공부하다	공부할래요
눕다	누울래요	놀다	놀래요

2. (1) 앉을래요 (2) 가입할래요 (3) 걸어갈래요/걸을래요 (4) 받을래요

3. (1) 굽이 낮은 구두를 살래요 (2) 비빔밥을 먹을래요 (3) 숙제할래요 (4) 지하철로 갈래요

문법 2_ V-을까 하다/ㄹ까 하다 p. 44

1.

V	-을까 하다	V	-ㄹ까 하다
앉다	앉을까 해요	쓰다	쓸까 해요
걷다	걸을까 해요	일하다	일할까 해요
짓다	지을까 해요	열다	열까 해요

2. (1) 읽을까 해요 (2) 만들까 해요 (3) 자를까 해요 (4) 갈까 해요

3. (1) 먹을까 해요 (2) 올릴까 해요 (3) 들을까 해요 (4) 다녀올까 해요

문법 3_ V-은 후(에)/ㄴ 후(에) p. 45

1.

V	-은 후에	V	-ㄴ 후에
읽다	읽은 후에	가다	간 후에
낫다	나은 후에	요리하다	요리한 후에
눕다	누운 후에	놀다	논 후에

2. (1) 수영한 후에 (2) 산 후에 (3) 찍은 후에 (4) 들은 후에

3. (1) 먹은 후에 (2) 출근한 후에 (3) 만든 후에 (4) 끝난 후에

듣기 p. 46

1. ②

2.

제이슨	타나펀 씨, 떡볶이는 안 먹어 봤는데 맛이 어때요?
타나펀	조금 매운데 맛있어요. 제이슨 씨, 한번 먹어 볼래요?
제이슨	좋아요. 매운 것은 잘 못 먹지만 먹어 볼게요.

(1) ②

지유	브루나 씨, 이 집은 새우 크림 스파게티가 유명해요. 오늘 한번 먹어 보세요.
브루나	제가 새우나 오징어를 먹으면 몸에 뭐가 나요. 저는 토마토 스파게티를 먹을래요.

(2) ①

3.

레아	어제 남편 생일이라서 못 갔는데 친구들이랑 저녁 잘 먹었어요?
타나펀	네. 태국 음식을 먹었는데 맛있었어요. 레아 씨는 어제 뭐 했어요?
레아	어제 집에서 라타투이를 만들었어요.
타나펀	라타투이요? 프랑스 음식이에요?
레아	네. 프랑스 사람들이 평소에 집에서 자주 만들어서 먹는 음식이에요.
타나펀	그거 어떻게 만들어요?
레아	토마토를 볶은 후에 호박과 가지를 올려서 오븐에 구우면 돼요. 생각보다 간단해요.
타나펀	정말 간단해서 저도 만들 수 있겠어요.
레아	네. 구운 채소가 정말 맛있는데 빵하고 같이 먹으면 더 맛있어요.
타나펀	다음에 저도 한번 꼭 만들어 볼게요.

(1) 만들어서 먹는 (2) 볶은 후에 (3) 구운 채소가 정말 맛있는데

말하기 p. 47

1. (1) 뭐 좀 시킬래요 (2) 고기를 잘 안 먹어요 (3) 그건 뭘로 만들어요

2. (1) 학교 근처에 있는 '행복 식당'에 한번 가 보세요 (2) 갈비탕과 삼계탕을 잘해요. 한번 드셔 보세요
(3) 닭고기를 물에 넣고 오래 끓였어요. 맵지 않고 건강에 좋아요.

읽기 p. 48

2. (1) ⓐ 해산물 ⓑ 구워요 ⓒ 소고기 (2) ②

쓰기 p. 49

1.

한국 친구가 만들어 준 김치볶음밥

저는 고향에 있을 때 매운 음식을 먹은 적이 없습니다. 고향에서 한국 드라마를 봤는데 거기에 김치볶음밥이 나왔습니다. 그 김치볶음밥이 맛있을 것 같았습니다. 그래서 한국에 오면 김치볶음밥을 꼭 먹어 보고 싶었습니다.

한국에 온 지 한 달쯤 되었을 때 수업 후에 한국 친구 지유와 함께 지유 집에 놀러 갔습니다. 지유가 김치와 밥을 넣고 볶아서 김치볶음밥을 만들어 줬습니다. 김치볶음밥을 먹었는데 처음에는 조금 매웠습니다. 그래서 저는 김치볶음밥을 먹을 때 물을 많이 마셨습니다. 그렇지만 김치볶음밥이 아주 맛있었습니다.

그 후에 지유가 저에게 김치볶음밥 만드는 것을 가르쳐 줬습니다. 그래서 저도 집에서 만들어 봤습니다. 그렇지만 지유가 만들어 준 김치볶음밥보다 맛이 없었습니다. 저는 지유가 만들어 준 김치볶음밥이 또 먹고 싶습니다.

11 단원 교통

어휘와 표현 1_ 버스, 택시 이용 p. 50

1. (1) 버스 노선을 봐요 (2) 손잡이를 잡아요 (3) 단말기에 교통카드를 찍어요 (4) 벨을 눌러요

2. (1) 택시를 잡거나 (2) 택시를 불러요 (3) 목적지를 말해요 (4) 택시 요금을 내요

어휘와 표현 2_ 기차 이용 p. 51

1. (1) 순방향 (2) 역방향 (3) 편도 (4) 왕복

2. (1) 특실 (2) 일반실 (3) 창가 자리 (4) 통로 자리

문법 1_ A/V-네요 p. 52

1.

A/V	-네요	A/V	-네요
맛있다	맛있네요	예쁘다	예쁘네요
아쉽다	아쉽네요	그리다	그리네요
듣다	듣네요	만들다	만드네요

2. (1) 나네요 (2) 비싸네요 (3) 많네요 (4) 막히네요

3. (1) 일어났네요 (2) 드네요 (3) 덥네요 (4) 좋겠네요

문법 2_ N이나/나, N밖에 p. 53

1.

N	이나/나	밖에
다섯 권	다섯 권이나	다섯 권밖에
세 마리	세 마리나	세 마리밖에

2. (1) 이나 (2) 나 (3) 밖에 (4) 밖에 (5) 밖에

3. (1) 열두 시간이나 (2) 하나밖에 (3) 4개월밖에 (4) 열 개나 (5) 여섯 번이나

문법 3_ A/V-기 때문에 p. 54

1.

A/V	-기 때문에	A/V	-기 때문에
춥다	춥기 때문에	편하다	편하기 때문에
읽다	읽기 때문에	모르다	모르기 때문에
묻다	묻기 때문에	살다	살기 때문에

2. (1) ④, 요즘 회사 일이 많기 때문에 야근을 자주 합니다.
   (2) ②, 그 식당은 음식이 맛있고 싸기 때문에 손님이 많습니다.
   (3) ③, 저는 매운 음식을 좋아하지 않기 때문에 김치를 안 먹습니다.
   (4) ①, 우리 동네는 편의 시설이 많고 교통이 편리하기 때문에 살기 좋습니다.

3. (1) 갔기 때문에 (2) 되고 싶기 때문에 (3) 살기 때문에 (4) 생일이기 때문에

더 알아보기 1_ A-군요/V-는군요 p. 55

1.

A	-군요	V	-는군요
덥다	덥군요	찍다	찍는군요
예쁘다	예쁘군요	일하다	일하는군요

2. (1) 오래됐군요 (2) 하는군요 (3) 멀군요 (4) 늦겠군요

더 알아보기 2_ N 때문에 p. 55

1.

N	때문에	N	때문에
시험	시험 때문에	감기	감기 때문에

2. (1) 룸메이트 때문에 (2) 소리 때문에 (3) 두통 때문에 (4) 문제 때문에

듣기 p. 56

1. ①

2.

다니엘 수빈 씨, 제가 오늘 회사 앞에서 택시를 타려고 했는데 택시를 못 잡았어요.
수빈 그래요? 그럼 이 앱을 이용해 보세요. 여기에 출발지와 목적지를 입력하면 주변에 있는 택시를 바로 부를 수 있어요.

(1) ②

올가	타나펀 씨, 늦어서 미안해요. 지갑을 집에 놓고 와서 다시 집에 돌아갔어요.
타나펀	그래요? 괜찮아요. 올가 씨. 그래도 공연이 시작하기 전에 와서 다행이에요.

(2) ②

3.

건우	브루나 씨, 지금 뭐 하고 있어요?
브루나	기차표를 예매하고 있어요. 다음 주말에 여행을 갈 거예요.
건우	여행지는 정했어요?
브루나	네. 경주에 갈 거예요. 경주에 유적지가 많아서 꼭 한번 가 보고 싶었어요.
건우	아, 그렇군요. 경주까지 어떻게 갈 거예요?
브루나	케이티엑스(KTX)가 고속버스보다 빠르기 때문에 기차로 가려고 해요.
건우	주말에는 표가 빨리 매진되기 때문에 빨리 예매해야 돼요. 자리는 있어요?
브루나	네. 아침 8시쯤 출발하려고 하는데 창가 자리는 없어서 통로 자리로 예매하려고요.
건우	나중에 표가 없을 수도 있으니까 돌아올 표도 미리 사는 게 좋을 것 같아요.
브루나	네. 왕복으로 예매할게요.

(1) 빠르기 때문에/빨라서　(2) 창가 자리가 없어서/창가 자리가 없기 때문에
(3) 왕복으로 예매하려고 해요/왕복으로 예매할 거예요

말하기 p. 57

1. (1) 시내에 행사가 있어서　(2) 버스 노선을 잘 몰라서　(3) 영화관에 가서

2. (1) 광화문인데 학교에서 멀지 않아요.
   (2) 이대역에서 2호선을 타고 충정로역에서 5호선으로 갈아타세요. 그리고 광화문역에서 내리면 돼요.
   (3) 지하철역에서 나와서 100m쯤 가면 이화오피스텔이 보일 거예요. 지하철역에서 집까지 10분밖에 안 걸려요.

읽기 p. 58

2. (1) ②　(2) ③

쓰기 p. 59

1.

부산의 스카이캡슐(Sky Capsule)

여러분, 부산에 가 본 적이 있습니까? 부산은 바다와 가까운 도시입니다. 그래서 많은 사람들이 바다를 보러 부산에 갑니다. 그런 사람들에게 꼭 추천해 주고 싶은 교통수단이 있습니다. 그것은 바로 '스카이캡슐'입니다.

스카이캡슐은 바다 옆을 지나는 작은 기차입니다. 그래서 이것을 타고 바다를 구경할 수 있습니다. 특히 비가 오거나 눈이 올 때도 편하게 바다를 구경할 수 있어서 정말 좋습니다. 스카이캡슐은 작아서 4명까지만 탈 수 있습니다. 가족과 같이 가서 타면 좋습니다. 스카이캡슐은 인터넷으로 예매할 수 있습니다. 그런데 주말이나 방학 때는 사람이 많아서 미리 예매해야 합니다.

부산에 여행을 가게 되면 꼭 한번 타 보시기 바랍니다. 기억에 남는 여행이 될 겁니다.

12 단원 축하와 감사

어휘와 표현 1_ 감정 p. 60

1. (1) 슬퍼요 (2) 짜증(이) 나요 (3) 창피해요 (4) 그리워요

2. (1) 지루해서 (2) 섭섭해서 (3) 기뻐요 (4) 속상해요

어휘와 표현 2_ 축하, 위로 p. 61

1. (1) 1등을 했어요 (2) 시험에 떨어졌어요 (3) 경기에서 졌어요 (4) 경기에서 이겼어요

2. (1) 승진했어요 (2) 붙었어요 (3) 헤어졌어요 (4) 입원했어요

문법 1_ A/V-아/어 p. 62

1.

A/V	-아	A/V	-어
아프다	아파	적다	적어
앉다	앉아	쉬다	쉬어
살다	살아	걷다	걸어

2. (1) 지난 주말에 뭐 했어 (2) 내 취미는 영화보기야 (3) 이번 방학에 뭐 할 거야
(4) 그 식당 음식은 맛있는데 값이 좀 비싸

3. (1) 바빠 (2) 바쁘지 않아 (3) 일이야 (4) 갈 수 있어 (5) 좋아 (6) 갈래

문법 2_ V-아/어, V-자 p. 63

1.

V	-아/어	-자	V	-아/어	-자
찾다	찾아	찾자	타다	타	타자
듣다	들어	듣자	놀다	놀아	놀자

2. (1) 입어 (2) 와 (3) 가지 말자 (4) 쇼핑하자

3. (1) 찍자 (2) 만나자 (3) 늦지 마 (4) 연락해 줘 (5) 보자

문법 3_ A/V-지요? p. 64

1.

A/V	-지요?	A/V	-지요?
많다	많지요?	예쁘다	예쁘지요?
먹다	먹지요?	보내다	보내지요?
낫다	낫지요?	열다	열지요?

2. (1) 맵지요 (2) 어려웠지요 (3) 갈 거지요 (4) 좋아하지요

3. (1) 덥지요 (2) 선생님이지요 (3) 볼 거지요/보지요 (4) 등산했지요

더 알아보기 1_ 응, 아니 p. 65

1.

높임말	반말	높임말	반말
네	응	아니요	아니

2. (1) 아니 (2) 아니 (3) 응 (4) 응

더 알아보기 2_ N아/야 p. 65

1.

N	아	N	야
서준	서준아	지유	지유야

2. (1) 야 (2) 아 (3) 아 (4) 야

듣기 p. 66

1. ①

2.

브루나 제이슨, 이번 학기가 어땠어?
제이슨 좋았어. 특히 우리 반 친구들이랑 식사도 하고 공부도 같이 해서 힘이 된 것 같아. 브루나, 너는?
브루나 나도 재미있었어. 친구들과 헤어지면 너무 섭섭할 것 같아.

(1) ①

리카 지유야, 주말에 콘서트 잘 보고 왔어?
지유 응. 그런데 같이 가기로 한 친구가 교통사고가 나서 콘서트를 혼자 봤어. 그래서 기분이 좋지는 않았어.

(2) ①

3.

건우 여보세요, 리카? 나 건운데 조금 전에 전화했지?
리카 응. 잘 지냈지?
건우 그럼. 감기는 나았어? 내일은 학교에 올 수 있어?
리카 응. 이제 많이 나아서 내일 갈 거야. 그런데 부탁이 있어서 전화했어.
건우 무슨 부탁인데?
리카 결석해서 그동안 집에서 혼자 공부해 봤어. 그런데 모르는 게 있는데 나 좀 도와줄 수 있어?
건우 알겠어. 그런데 리카, 감기에 걸려서 목, 금 이틀 결석했지?
리카 응. 이틀 맞아.
건우 알겠어. 그럼 내일 수업 끝나고 볼까?
리카 좋아, 건우야. 우리 수업 후에 같이 점심 먹고 근처 카페에서 공부하면 어때? 점심은 내가 살게.
건우 그래. 알겠어. 그때 보자.

(1) 모르는 게 있어요　(2) 보기로 했어요/볼 거예요　(3) 공부할 거예요/공부하려고 해요

말하기 p. 67

1. (1) 오늘은 그냥 집에 갈래　(2) 친구 때문에 그래　(3) 바퀴가 고장 나서 너무 짜증 나

2. (1) 회사에 지원했는데 떨어졌어.　(2) 너무 힘들고 속상해. 내가 진짜 가고 싶은 회사였는데…….
(3) 더 준비해서 내년에 다시 지원할 거야.

읽기 p. 68

2. (1) ③　(2) ③

쓰기 p. 69

1.

보낸 사람: "다니엘"<Daniel@deutsch.com>
받는 사람: "제이슨"<Jason@ewha.edu.com>
제목: 안녕! 제이슨

제이슨에게

제이슨, 잘 지내고 있어? 나 다니엘이야. 이번 주에 갑자기 독일로 돌아가게 됐어. 인사 못하고 갈 것 같아서 이메일을 보내.

한국에서 생활하는 동안 많이 도와줘서 고마워. 특히 1급을 마친 후에 이사하게 되었을 때 많이 도와줘서 너무 고마웠어.

이사하기 전에 집 찾기가 어려웠는데 네가 인터넷으로 집 찾는 것도 알려 주고, 부동산에도 같이 가 줘서 쉽게 집을 구할 수 있었어. 그리고 이사할 때도 이사 짐을 옮겨 주고 집을 같이 청소해 줘서 이사가 빨리 끝났어.

제이슨, 시간이 되면 독일에 한번 놀러 와. 그동안 건강하게 잘 지내고 또 연락할게. 잘 지내!

다니엘이

지은이 소개

정누리
이화여자대학교 언어교육원 전임강사
연세대학교 한국학협동과정 박사 수료

이정연
이화여자대학교 언어교육원 전임강사
한국외국어대학교 국어국문학과 박사

박옥경
이화여자대학교 언어교육원 책임강사
이화여자대학교 한국어교육학과 석사

송유경
이화여자대학교 언어교육원 책임강사
이화여자대학교 한국어교육학과 석사

기우종
전 이화여자대학교 언어교육원 책임강사
연세대학교 외국어로서의 한국어교육 전공 석사

최효원
이화여자대학교 언어교육원 책임강사
이화여자대학교 한국어교육학과 석사